essentials

essentials liefern aktuelles Wissen in konzentrierter Form. Die Essenz dessen, worauf es als „State-of-the-Art" in der gegenwärtigen Fachdiskussion oder in der Praxis ankommt. *essentials* informieren schnell, unkompliziert und verständlich

- als Einführung in ein aktuelles Thema aus Ihrem Fachgebiet
- als Einstieg in ein für Sie noch unbekanntes Themenfelda
- als Einblick, um zum Thema mitreden zu können

Die Bücher in elektronischer und gedruckter Form bringen das Fachwissen von Springerautor*innen kompakt zur Darstellung. Sie sind besonders für die Nutzung als eBook auf Tablet-PCs, eBook-Readern und Smartphones geeignet. *essentials* sind Wissensbausteine aus den Wirtschafts-, Sozial- und Geisteswissenschaften, aus Technik und Naturwissenschaften sowie aus Medizin, Psychologie und Gesundheitsberufen. Von renommierten Autor*innen aller Springer-Verlagsmarken.

Weitere Bände in der Reihe http://www.springer.com/series/13088

Michail Logvinov

Risk Assessment im Extremismuskontext

Ein Leitfaden zur fallbezogenen Risikodiagnostik

 Springer VS

Michail Logvinov
Berlin, Deutschland

ISSN 2197-6708   ISSN 2197-6716 (electronic)
essentials
ISBN 978-3-658-33172-6   ISBN 978-3-658-33173-3 (eBook)
https://doi.org/10.1007/978-3-658-33173-3

Die Deutsche Nationalbibliothek verzeichnet diese Publikation in der Deutschen Nationalbibliografie; detaillierte bibliografische Daten sind im Internet über http://dnb.d-nb.de abrufbar.

Planung/Lektorat: Cori Antonia Mackrodt
Springer VS ist ein Imprint der eingetragenen Gesellschaft Springer Fachmedien Wiesbaden GmbH und ist ein Teil von Springer Nature.
Die Anschrift der Gesellschaft ist: Abraham-Lincoln-Str. 46, 65189 Wiesbaden, Germany

Was Sie in diesem *essential* finden können[1]

- Definitionen der relevanten Begriffe und Informationen zu Verfahren und Methoden der Prognostik.
- Eine Diskussion und Kritik der im angelsächsischen Raum verbreiteten Risikobewertungsinstrumente.
- Eine Interpretation der Risikofaktoren aus der aktuellen Radikalisierungsforschung.
- Eine ausführliche Diskussion der dem Leitfaden zugrunde liegenden Indikatoren und Faktoren.

---

[1]Der in diesem *essential* vorgestellte Leitfaden der fallbezogenen Diagnostik und Risikobeurteilung extremistischer Gewaltstraftäter entstand im Rahmen eines vom BMFSFJ geförderten Projektes des ZDK Gesellschaft Demokratische Kultur gGmbH (DNE – „Diagnostisch-Therapeutisches Netzwerk Extremismus"). Vgl.: Logvinov, Michail (2019): Risikoeinschätzung Radikalisierter und Risikomanagement in der Fallarbeit Prognoseinstrumente und ihre Relevanz aus praktischer Sicht. Schriftenreihe Zentrum Demokratische Kultur, Berlin; Michail Logvinov/Tabea Fischer (2019): Risiko- und Gefahrenbewertung im Umgang mit politisch-ideologisch-religiös radikalen Personen, Schriftenreihe Zentrum Demokratische Kultur, Berlin.

Inhaltsverzeichnis

Abbildungsverzeichnis

Tabellenverzeichnis

Einleitung

1

Die voranschreitenden Prozesse der (reziproken) Radikalisierung extremistischer
Akteure aus verschiedenen Phänomenbereichen auf der individuellen und Grup-
penebene prägen die gegenwärtige Situation. Die Co-Radikalisierung überlagert
dergestalt die bereits bekannten Radikalitätsausprägungen sowie extremistische
Bestrebungen und ruft zusätzliche Dynamiken in Milieus hervor, die für neue
Gefahrenlagen und Risikokonstellationen sorgen. Radikale Akteure betätigen
sich zugleich intensiv im virtuellen Raum, wo sie für Loyalitäten werben, sich
vernetzen, ihre Aktionen planen und koordinieren.

Risikoanalyse ist eine wesentliche Gelingensbedingung des Monitorings radikalisierter Akteure, des Risikomanagements und der Deradikalisierungsarbeit.
Eine wichtige Aufgabe besteht in diesem Zusammenhang darin,

> „auf die verschiedenen psychosozialen Profile von Extremisten und Terroristen, die
> sich in einem Wechselspiel mit ideologischen Orientierungen und Missionsvorstel-
> lungen in Tatvorbereitungen und Gewalttaten hineinsteigern, einzugehen. Psychische
> Dispositionen und Ideologien finden bei Primat der Ideologie eine extremistische Wir-
> kung mit tödlichen Folgen und bedrohen das Sicherheitsgefühl der Bevölkerung. Es
> geht darum, extremistische und terroristische Gefährder in Gestalt von Personen und
> Gruppen frühzeitig zu erkennen und Maßnahmen zur Deradikalisierung im rechtsstaat-
> lichen Rahmen und unter Nutzung aller gesellschaftlichen Möglichkeiten zur Wirkung
> zu bringen" (Wagner 2016, S. 26).

Umso mehr verwundert es, dass es in Deutschland kaum öffentlich zugängli-
che Elaborate oder wahrnehmbare Bemühungen auf diesem Gebiet gab, bevor
Mitte der 2010er Jahre internationale Risikobewertungsinstrumente auf den Markt
drangen. Der hier vorgestellte Leitfaden stellt einen Versuch dar, das in der

M. Logvinov, *Risk Assessment im Extremismuskontext*, essentials,
https://doi.org/10.1007/978-3-658-33173-3_1

Extremismusforschung generierte Wissen zu bündeln und in einen Leitfaden zur
Risikoanalyse zu gießen.

Wichtig ist hierbei zu betonen, dass Radikalisierungen relational bzw. inter-
aktionistisch sind und sich linearer sowie monokausaler Erklärungen entziehen.
Im Gegensatz zu statischen und zuweilen monokausalen Interpretationen erfassen
die dynamischen Forschungsansätze Radikalisierungen als relationale (Radikalisierung als Folge von Interaktionen), konstruktivistische (Diskursradikalisierung
der Deutegemeinschaften und Sinnkonstruktionen der Akteure) und emergente
(Gewalt als Folge von symbolisch vermittelten Aktionen) Prozesse. Die Radikalisierungsprozesse umfassen demnach relationale, kognitive und umweltbezogene
Mechanismen, wobei die relationale Ebene die Wirksamkeit der Wahrnehmungsmuster und Emotionen sowie der Umweltfaktoren prägt. Im Sinne des
ökosystemischen Ansatzes von Urie Bronfenbrenner können die reziproken radi-
kalisierenden Einflüsse als Wechselwirkungen in den und zwischen den Mikrosys-
temen (direkte Interaktionen mit dem Umfeld in verschiedenen Kontaktbereichen
bzw. Sozialisationsinstanzen) verstanden werden, die indirekt durch Exosysteme
beeinflusst werden und sich auf die Makrosysteme wie Normen, Werte und Ideologien auswirken. Der interaktionistische Ansatz der Radikalisierungsforschung
ermöglicht es somit, die analytischen Grenzen zwischen der Makro-, Meso- und
Mikroebene zu überwinden.

Begriffe und Methoden

Risiko*einschätzung* als Bestandteil einer Risikoanalyse meint eine auf einen zu definierenden Zeitraum beschränkte prognostische Aussage über die Eintrittswahrscheinlichkeit eines bestimmten negativen bzw. schädigenden Ereignisses (hier: Wahrscheinlichkeit der Ausführung und Ausmaß der Gewalt). Bei der Risiko*bewertung* werden plausible Prädiktoren für künftige Straftaten aus der Risikoanalyse im Zusammenhang mit der Kontrolle bzw. Minderung von Risiken analysiert. Risiko*beurteilung* setzt sich somit aus einer Risikoanalyse und Risikokontrolle bzw. -minderung zusammen (vgl. DIN EN ISO 12100:2011-03).

Eine Kriminalprognose liegt nach fachlichen Kriterien vor, „wenn die wahrscheinlich verhaltensdeterminierenden Anteile von Personen- und Situationsfaktoren herausgearbeitet und durch (gegebenenfalls alternative) Wenn-dann-Aussagen auf denkbare zukünftige Situationen projiziert werden" (Steller 2005, S. 13). Die Risikoanalyse besteht somit aus einer quantitativen (Wahrscheinlichkeit) und qualitativen (Art des Gewaltverhaltens) Größe, welche eine Risikomatrix ergeben. Im Zusammenhang mit der Risikobewertung extremistischer Gewalt hat sich eine Definition von Borum (2015, S. 64) durchgesetzt: „The process of collecting and considering information about a person and the situations and contexts that person is likely to encounter in order to describe and evaluate the potential that the person will engage in jeopardous behavior and prevent or mitigate the behavior and its adverse consequences."

Der Terminus „Risiko" (R) kennzeichnet nach Kraemer et al. (1997, S. 337) die Wahrscheinlichkeit (W) eines negativen Outputs bestimmter Intensität (Is). Im Blick auf die instrumentelle, extremistische Gewalt hängt die Intensität eines Schadens mit Fähigkeiten (F) und Intentionen (It) der jeweiligen Akteure zusammen. Personale (P) und situative (S) Risiko- und Schutzfaktoren erhöhen oder reduzieren die Wahrscheinlichkeit einer Gefahr (R = W [P + S] × Is [F +

It]). Alternativ ließe sich Risiko mit der Formel erfassen: Risiko = f (Gefahr ×
Vulnerabilität × Folgen).

Ein Risikofaktor identifiziert einen schädigenden Einfluss bzw. eine Eigenschaft, die die Wahrscheinlichkeit eines negativen Ereignisses erhöht. In der Epi-
demiologie und Kriminalprognose stellen Risikofaktoren *messbare,* auf Akteure
(Einzelpersonen/Gruppen) und Umwelteinflüsse bezogene Attribute dar, die
einem Output *vorausgehen* (Kraemer et al. 2001, S. 338 f.).

Die Transmissionswirkung der Risikofaktoren im psychosozialen Bereich stellt
einen komplexen Prozess dar. So existieren neben kausal wirksamen Faktoren,
welche einen direkten risikoerhöhenden Effekt haben, sogenannte Risikomarker.
Diese können gemeinsam oder zeitlich vor einem Problemverhalten auftreten,
sind jedoch für sich genommen keine Ursachen. „Bei genauerer Betrachtung lässt
sich die Entfernung eines Risikofaktors in der Kausalkette auf einem Kontinuum
beschreiben. Distale Risikofaktoren zeigen eher schwache direkte Zusammenhänge mit dem Problemverhalten, sie können jedoch über Drittvariablen das
Individuum in seiner Entwicklung beeinträchtigen. So kann beispielsweise familiäre Armut dazu führen, dass die Umwelt, in welcher ein Kind aufwächst, über
wenig entwicklungsanregende Aspekte verfügt (z. B. bestimmte Spielsachen,
Ausflüge, Musikunterricht). Proximale Risikofaktoren dagegen beeinflussen das
Problemverhalten unmittelbar. Inkonsistente Erziehungspraktiken der Eltern z. B.
erschweren auf direktem Wege das Erlernen von Regeln und Normen. […] Wei-
terhin können Risikofaktoren statisch oder dynamisch sein. Statische Faktoren
bezeichnen unveränderliche Merkmale (z. B. neurobiologische Schädigungen),
während variable Risikofaktoren Veränderungen im Entwicklungsverlauf unter-
liegen (z. B. delinquente Peers). Problemverhalten kann durch Risikofaktoren
sowohl initiiert als auch stabilisiert werden" (Riesner et al. 2012, S. 13). Risikofaktoren lassen sich zugleich nach ihren Funktionen systematisieren (Franqué
2013a, S. 364):

- Motivatoren, die den subjektiven Nutzen oder Gewinn deliktischen Verhaltens
  steigern (bspw. entsprechende Orientierungen);
- Enthemmer senken die hemmende Wirkung antizipierter Kontrollen (bspw. das
  Ausbleiben einer Sanktionierung oder gegenteilig eine Überreaktion);
- Destabilisatoren sind für die Störung der Entscheidungsfähigkeit bzw. sozialen
  Anpassung verantwortlich (bspw. intrapsychische Eigenschaften oder subkul-
  turelle Normen).

An diesen Taxonomien und Definitionen der Risikofaktoren wird ersichtlich, dass die dispositionalen, d. h. rein individuumsbezogenen, statischen und dichotomen Ansätze zur Kriminalprognose einem erweiterten Risikokonzept gewichen sind (Borum 2015). Dessen Merkmale sind: kontextabhängig (Verhalten [V] als Funktion [f] von Persönlichkeit [P] und Umwelt [U] bzw. Situation, die sich gegenseitig beeinflussen: V = f [P × U]), dynamisch (Veränderbarkeit der Risiko- und Schutzfaktoren) und kontinuumartig (niedrig – mittel – hoch statt vorhanden – nicht vorhanden).

Die forensische Prognoseforschung unterscheidet trotz möglicher Überschneidungen drei idealtypische Bewertungsmethoden (vgl. Dahle und Schneider-Njepel 2013, S. 431 f.; Bock 2013, S. 124 ff.; Jost 2012, S. 79 ff.):

1. die *intuitive,* auf subjektiven Erfahrungswerten basierende Prognose unterhalb des Anspruchs auf Validität, so wie sie bei Stellungnahmen von Psychologen, (Sozial-)Pädagogen oder Sozialarbeitern zur Anwendung kommt;
2. den erfahrungsbasierten *nomothetischen* Ansatz, auch statistisch oder aktuarisch genannt und
3. den einzelfallorientierten und erklärungsbasierten, *idiographischen* Ansatz. In einigen Fällen können Prognoseansätze zwei verschiedenen Verfahren angehören (vgl. HCR-20 Score und HCR-20 klinisches Rating).

Die fundamentale Unterscheidung zwischen klinischer und statistischer Prognose geht auf die Abhandlung des Psychologen Paul Meehl „Clinical versus statistical prediction" (1954) zurück, die in Deutschland von Schneider (1967) aufgegriffen wurde, auch wenn er keinen unüberwindbaren Gegensatz postulierte.

In der Extremismus- und Terrorismusforschung werden die jeweiligen Ansätze zur Risikobewertung in einem Kontinuum zwischen den Polen „strukturiert – unstrukturiert" platziert, wobei in der Regel vom Verfahren des strukturierten professionellen Urteilens (engl.: Structured Professional Judgement, SPJ) als einem Mittelweg und einer der besten Methoden die Rede ist (Pressman 2009). Monahan (2011, S. 8 f.) schlug folgende Taxonomie vor:

1. Nicht modifizierte klinische Risikobewertung (unstrukturiert und erfahrungsbasiert);
2. Modifizierte klinische Risikobewertung anhand einer Liste empirisch gewonnener oder erfahrungsbasierter Risikofaktoren ohne die Regeln für deren Messung bzw. Skalierung;

3. Das strukturierte professionelle Urteilen mit den jeweiligen Regeln der Skalen-
   bildung, aber ohne Standardisierung der abschließenden Urteilsbildung (keine
   Cut-Off-Werte);
4. Modifizierte aktuarische bzw. statistische Prognoseverfahren mit einer
   abschließenden klinischen Einschätzung des berechneten Risikos und
5. Nicht modifizierte statistische Prognoseverfahren.

Nomothetische Methoden gehen von empirischen Evidenzen aus und sind bei
der Auswahl der Daten und deren Verknüpfung regelbasiert. Statistiken und
Rückfallstudien als Grundlage für die Berechnung der Ausgangswahrschein-
lichkeiten sowie der Treffer-/Fehlerquoten und empirisch begründete Annahmen
über Ursachen und Bedingungen von Delinquenz – bspw. die „Central Eight"[1]
– bilden deren empirischen Rahmen; ein Algorithmus steuert die Entscheidungsfindung. „Idiographische (klinische, explanative) Prognosen gehen demgegenüber
zwar ebenfalls nach Regeln vor (im Gegensatz zu einem bloß intuitiven, mithin
unwissenschaftlichen Vorgehen), orientieren sich aber bei der Auswahl und Verknüpfung diagnostischer Daten zunächst an den jeweiligen Gegebenheiten des
Einzelfalls. Es handelt sich daher eher um allgemeine Leitlinien, Prinzipien und
Zielvorgaben, die den diagnostischen Beurteilungsprozess steuern und transparent
machen sollen" (Dahle und Schneider-Njepel 2014, S. 430).

Im integrativen Modell der klinisch-idiographischen Kriminalprognose werden einzelfallbezogene Schlüsse anhand der individuumsfokussierten Fallanalyse
und des empirischen Kenntnisstandes gezogen. Auf eine nomothetische Prognose
(empirisches Ausgangsrisiko und Risikoprofil) folgt eine idiografische Prognose,
deren Ziel es ist, die Prognosenkonkordanz festzustellen oder eine mögliche Dis-
krepanz aufzuklären (Dahle und Lehmann 2013, S. 355). Das Prozessmodell der
idiographischen (Rückfall-)Prognose umfasst im Wesentlichen vier Schritte (ebd.,
S. 352):

1. Rekonstruktion der Biografie und der strafrechtlichen Vorgeschichte sowie der
   Tathergangsanalyse (Ableitung einer Delinquenztheorie und Bedingungsanalyse);
2. Analyse der *relevanten* Verhaltensmuster seit der letzten Tat (Ableitung einer
   individuellen Entwicklungstheorie);

---

[1]Dissoziale Persönlichkeit, delinquente und antisoziale Vorgeschichte, antisoziale Kognitio-
nen, antisoziales Umfeld, kumulierende familiäre Probleme, Probleme in Schule und Beruf,
ein unstrukturiertes Freizeitverhalten und ein problematischer Umgang mit Suchtmitteln.

3. Aktuelle Querschnittsdiagnostik personaler Risiko- und Schutzfaktoren (Feststellung des aktuellen Entwicklungsstandes und Wenn-dann-Analyse);
4. Analyse des (Entlassungs-)Umfeldes und der Perspektiven künftiger Lebensgestaltung (Einschätzung der Wahrscheinlichkeit von Risikokonstellationen).

Streng genommen erweist sich die Anwendung des Begriffs „strukturiertes professionelles Urteilen" bzw. „professionelle Urteilsbildung" auf die gängigen und noch zu analysierenden Instrumente der Risikobewertung extremistischer Gewalt(-straftäter) oft als unpräzise (vgl. Borum 2015). Sie stellen beim genauen Besehen lediglich Checklisten zur idiographischen Risikobeurteilung dar, während das SPJ-Verfahren über die bloße Risikoeinschätzung hinausgeht. Dessen zentrale Aufgabe besteht nicht in der reinen Vorhersage, sondern darüber hinaus in der Planung von Präventionsmaßnahmen und des Risikomanagements. Ziel ist es, präventive, therapeutische und rehabilitative Strategien zu erarbeiten und die Kommunikation zwischen den beteiligten Professionen zu erleichtern (Franqué 2013a, S. 358). Die Strukturierung des jeweiligen Prozesses geschieht daher durch die Identifikation der Teilaufgaben (ebd., S. 357):

- Bestimme das Problem und dessen Risikofaktoren.
- Stelle die Fallinformationen zusammen.
- Identifiziere die Risikofaktoren am Einzelfall.
- Bestimme deren individuelle Relevanz.
- Formuliere ein klinisches Modell.
- Entwickele zukünftige Szenarien (bspw. Wiederholungs-Szenario, optimistisches und Worst-Case-Szenario, Twist-Szenario sowie Szenario unter Behandlung).
- Plane und beurteile Präventivmaßnahmen.
- Fälle ein abschließendes Urteil.

Neben diesen Teilaufgaben werden entsprechende Regeln der Urteilsbildung definiert. Das HCR-20-Schema, an dem sich etwa Pressman (2009) bei der Erarbeitung des VERA-Tools orientierte, stellte das erste Verfahren dieser Art dar. Obgleich die VERA-Urheberin von Beginn an angab, ihre Vorgehensweise an der Methode der strukturierten Urteilsbildung zu orientieren, entspricht ihr Instrument den anspruchsvollen SPJ-Modellen im beschriebenen Sinn auch nach mehreren Überarbeitungen und Ergänzungen der Heuristik nur teilweise. Im Übrigen bestimmt der HCR-20, der – wie die meisten Checklisten – zu den Instrumenten der dritten Generation zählt, keine allgemeingültige Methode der

Entscheidungsfindung. Stattdessen werden drei Heuristiken angeboten (Franqué 2013b, S. 262):

1. Im ersten Fall wird von einem positiven Zusammenhang zwischen der Anzahl vorhandener Risikofaktoren und dem Gewaltrisiko ausgegangen (eingeschränkt empfohlen).
2. Eine zweite Heuristik besteht in der Identifikation herausragender Risikofaktoren („Red Flags"), auch anhand der Relevanz eines Risikofaktors bei früheren Gewaltdelikten.
3. „Eine dritte Heuristik schließlich besteht in der Identifikation von Kombinationen relevanter Risikofaktoren. […] Für den individuellen Fall können […] Ketten von Risikofaktoren identifiziert werden" (ebd., S. 262).

Somit erfolgt die Unterscheidung zwischen den nomothetischen und idiografischen Prognoseansätzen hauptsächlich unter Berücksichtigung der *formalen* Gesichtspunkte wie des Grades der Item-Operationalisierung, der Auswertungsart und des (Nicht-)Vorhandenseins von Regeln und Normen. Unter *inhaltlichen* Gesichtspunkten benennt Gretenkord (2013, S. 21) darüber hinaus Kriterien wie die theoretische Verankerung der Verfahren, die Art der Items (statisch/dynamisch – Risiko-/Schutzfaktoren) und die Zielgruppen.

Des Weiteren hat sich in der forensischen Prognoseforschung eine Differenzierung der Instrumente nach verschiedenen Generationen etabliert. Professionelles Urteilen entspricht eher der intuitiven Prognose. Zur zweiten Generation zählten Instrumente, die keine dynamischen Risikofaktoren in Betracht zogen. Die Prognoseinstrumente der dritten Generation glichen dieses Defizit aus, während die vierte Generation dazu dienen soll, die Fallarbeit mit Delinquenten zu optimieren (vgl. Level of Service/Case Management Inventory). „Während in der zweiten Generation von Prognoseinstrumenten dem *Risikoprinzip* (Ermittlung des Rückfallrisikos […]) und in der dritten zusätzlich dem *Bedürfnisprinzip* (Konzentration der Interventionen auf die dynamischen Risikofaktoren […]) Rechnung getragen wurde, kommt in der vierten Generation das Ansprechbarkeitsprinzip (*responsivity*) dazu" (ebd., S. 22). Nicht nur werden in den neuesten Verfahren die dynamischen Risiko- und Schutzfaktoren berücksichtigt, auch ge- oder misslungene Manipulationen der Risiko- und Schutzfaktoren spielen hier eine wesentliche Rolle.

Gängige Risikobewertungsinstrumente 3

3.1 Extremism Risk Guidance (ERG 22+)

Die 2009 entstandene Liste „Structured Risk Guidance" war das erste entwickelte
SPJ-Instrument zur Risikobewertung extremistischer Bestrebungen.[1] Die Folge-
version ERG 22+ (weiter: ERG) wird in England und Wales sowie seit kurzem
in Minnesota eingesetzt (Herzog-Evans 2018). In Schottland findet demgegenüber VERA-2(R) Anwendung. Im Gegensatz zu der auf Schreibtischrecherchen
basierenden VERA-Suite entstand ERG, wie die Liste nach dem Abschluss entsprechender Evaluationsmaßnahmen seit 2011 heißt, anhand einer methodischen
Triangulation: der Fallarbeit mit insgesamt über 40 verurteilten extremistischen
Straftätern (zum damaligen Zeitpunkt etwa 30 % der Insassenpopulation), von
denen mindestens 20 auch interviewt worden sein sollen; eines Vergleichs zwischen 20 inhaftierten Extremisten und 12 wegen Terrorismusdelikten verurteilten
Gefangenen; der internationalen Literaturrecherche; der Expertenkonsultation
und wissenschaftlichen Begleitung durch ein Beratungsgremium, zu dem auch
Terrorismusexperten gehörten. Im Rahmen der begleitenden Evaluationsmaßnahmen fanden insgesamt 15 Tiefeninterviews mit „strategischen Stakeholdern" und
Anwendern der noch nicht rubrizierten Checkliste mit zum damaligen Zeitpunkt
21 identifizierten Risikofaktoren statt, was nicht repräsentativ für alle mit dem
Instrument bewerteten Straftäter ist, wie die Autoren zu Recht betonten (Webster
et al. 2017, S. 1, 6).

---

[1] Hart et al. (2017, S. 15) behaupten demgegenüber, dass ERG aufgrund einer „systematischen
Analyse existierender Tools (inkl. VERA 2 und MLG)" entstanden sei, was den Angaben der
ERG-Entwickler widerspricht (Lloyd und Dean 2015).

© Der/die Autor(en), exklusiv lizenziert durch Springer Fachmedien
Wiesbaden GmbH, ein Teil von Springer Nature 2021
M. Logvinov, *Risk Assessment im Extremismuskontext,* essentials,
https://doi.org/10.1007/978-3-658-33173-3_3

Unter Heranziehung des „Offender Assessment System" (OASys) leiteten die Autoren zudem relevante Unterschiede zwischen den extremistischen und nicht extremistischen Straftätern ab (Herzog-Evans 2018, S. 6). Die Systematisierung der 22 Prädiktoren entlang dreier für extremistische Verlaufspfade relevanten Dimensionen – des Engagements als Affiliation mit der Gruppe und/oder Identifikation mit der „Sache", der Absicht als Bereitschaft, sich zu engagieren, und der relevanten Fähigkeiten – erfolgte durch 35 Strafvollzugsbeamte mit Erfahrungen im Umgang mit extremistischen Gefangenen (Lloyd und Dean 2015, S. 46). Des Weiteren fand ein „Peer-review"-Verfahren innerhalb des Gefängnis- und Bewährungsdienstes (NOMS) statt, unterstützt durch zwei Experten auf dem Gebiet der Risikobewertung aus dem Beratungsgremium. 2015 wurden nach Eigenangaben etwa 150 Straftäter aus den Bereichen Rechtsextremismus, Einzelstreitfragenextremismus und Bandenkriminalität mit dem Instrument bewertet.

Der ERG ist nah am SPJ-Verfahren im eigentlichen Sinn. Dieses dreidimensionale Modell stellt ein Instrument an der Schwelle zur vierten Generation bzw. zu einem RNR-Modell (Risk-Need-Responsivity) dar, das mit den Maßnahmen von „Healthy Identity Intervention" (HII) korrespondiert. Die Checkliste wurde von Psychologen entwickelt. Auf ihr fußt eine weitere, die gleichen 22 Risikoprädiktoren beinhaltende Kriterienliste mit dem Namen „Vulnerability Assessment Framework" (VAF). Die beiden Instrumente unterscheiden sich jedoch in ihrem Anwendungsbereich: Mit dem ERG werden inhaftierte, nicht zwingend gewalttätige Extremisten bewertet, während mit dem VAF jene Radikale eingeschätzt werden sollen, die Gefahr laufen (könnten), Extremisten bzw. Terroristen zu werden (Radikalisierung als Messkonstrukt). Daran wird ersichtlich, dass in Großbritannien ein Kontinuum zwischen Radikalität und Extremismus/Terrorismus konstruiert wurde.

Diese wenig differenzierende Vorgehensweise sorgte für deutliche Kritik (Knudsen 2018, S. 13). Kritiker bemängelten zugleich die Sensitivität des Instruments bei den bekannt gewordenen Verdachtsmomenten außerhalb des Strafvollzugs und betonten, dass dessen Einsatz jenseits des vorgesehenen Geltungsbereichs wenig zielführend sei und über die festgelegten Konstrukte hinausgehe. Auf diese Weise werde ein „prä-krimineller Raum" geschaffen, der in der Realität ein „nicht krimineller Raum" sei (Qureshi 2016, S. 9, 13, 33). Es liegt zudem eine gekürzte Fassung der Checkliste namens „Extremism Risk Screen" (ERS) vor, die dazu dienen soll, das politisch-ideologische Radikalisierungspotential der Gefangenen ohne extremistischen Hintergrund einzuschätzen.

Der Kategorisierung des Radikalisierungsrisikos im ERG-Modell liegt eine Prämisse zugrunde, der zufolge es sich hierbei vordergründig um ein psychologisches Phänomen handelt, was unter einigen Experten als methodologischer Individualismus und psychologischer Reduktionismus bzw. Atomismus unter Kritik steht (Knudsen 2018, S. 3). Zugleich wiesen die Instrumentenentwickler darauf hin, dass terroristische Karrieren durchaus politische und soziale Ursachen haben. Diese werden allerdings im Sinne der Theorie der Selbstkategorisierung und der Sozialisation in den Terrorismus vordergründig als psychologische Korrelate gedeutet (Lloyd und Dean 2015, S. 43 f.). Als Anwender kommen forensische Psychologen und erfahrene Bewährungshelfer, die an einem zweitägigen Training teilgenommen haben, infrage.

Ziel war es, ein empirisch fundiertes Instrument zu entwickeln, das ein effizientes Risikomanagement und effektive Interventionen ermöglichen würde. Dafür war eine klinisch sensitive, empirische und ethisch vertretbare „Methodologie" notwendig (Lloyd und Dean 2015, S. 41). Die Autoren orientierten sich an der in Großbritannien gängigen Extremismusdefinition[2], die nicht nur soziale, politische und ideologische Belange, sondern auch opportunistische und kriminelle Motivlagen umfasst. Bei der Entwicklung fand der postulierte Unterschied zwischen dem extremistischen und nicht extremistischen Denken im Kontext der (kognitiven) integrativen Komplexität Berücksichtigung. Demzufolge wohnen ersterem simplizistische, reduktionistische und dichotome Züge inne (vgl. das Konzept des „Motivated Reasoning").

Das ERG-Modell basiert auf der Theorie des überlegten Handelns bzw. des geplanten Verhaltens (auch als Modell von Ajzen/Fishbein bekannt), das besagt, dass das tatsächliche Verhalten von Verhaltensabsichten und Intentionen determiniert wird (der Ansatz der rationalen Handlungswahl, vgl. die Selbstbestimmungstheorie). Diese stellen ein Ergebnis der persönlichen Einstellung zum Verhalten und der normativen Überzeugungen inkl. Verhaltenskontrolle dar – Dimensionen, die sich wiederum auf die Einstellungen und subjektiven Normen auswirken (Lloyd und Dean 2015, S. 43).Eine weitere wichtige theoretische Prämisse des ERG-Ansatzes ist die Fokussierung der Affiliations- bzw. Engagementsebene. Die im SRG angelegte Risikokategorie „Überzeugungen und Motivation" wurde in ERG durch „Engagement" bzw. „Identifikation" ersetzt, verstanden als eine dynamische Balance zwischen den Zug- und Druckfaktoren. Weitere relevante Risikokategorien sind „Absicht bzw. Intention" und „Fähigkeiten".

---

[2]„Any offense associated with a group, cause or ideology that propagates extremist views and actions and justifies the use of violence and other illegal conduct in pursuit of its objectives" (National Offender Management Service, 2007).

Einige aus der Terrorismusforschung übernommene Prämissen liegen diesem Verfahren zugrunde, die mit weiteren Fallbeobachtungen kombiniert wurden. Einerseits findet in der Population eine Überidentifikation mit einer Ideologie, Gruppe oder Sache statt, die zum Verlust der eigenen Identität führt. Andererseits akzeptieren Extremisten ein Erklärungsnarrativ für das beobachtete Weltgeschehen; sie teilen die Welt in Eigen- und Fremdgruppen und fällen moralische Urteile über die Anderen. Nicht minder relevant sind die sozialen Dominanzansprüche sowie Machtausübung und -kontrolle. Am wichtigsten erscheint allerdings der gemeinsame Nenner für alle extremistischen Akteure: die wahrgenommenen Ungerechtigkeiten und Missstände (Lloyd und Dean 2015, S. 44 f.). Besonders hervorgehoben sei die Beobachtung, der zufolge es unterschiedliche Pfade der Radikalisierung im Blick auf das Verhältnis zwischen der revolutionären und transnationalen islamistischen Ideologie gibt. Es liegt nahe, dass diese Verlaufsmuster verschiedene Funktionen erfüllen und unterschiedlichen Bedürfnissen entspringen können.

Der ERG-Leitfaden dient als Orientierungshilfe bei der Fallarbeit bzw. Fallformulierung. Daher findet keine Skalierung der Risikofaktoren statt; das Kombinieren von Variablen soll eine „Risikogeschichte erzählen" (ebd., S. 46). Das Item „Sonstige Faktoren" (dafür steht „+" in der Instrumentenbezeichnung) macht es möglich, andere psychologisch relevante Vulnerabilitätsfaktoren einzubeziehen: fehlende emotionale Resilienz, biographische Brüche, Beziehungsprobleme, Hedonismus, Heroismus, Verschwörungsdenken, Imponiergehabe u. a. (Herzog-Evans 2018, S. 19).

Die Anwender sollen die Liste qualitativ in Hinblick auf eine Reihe von relevanten Fragen bearbeiten: Welche kontextuellen Umstände trugen oder können zu extremistischen Straftaten beitragen? Welche persönlichen Merkmale (Bedürfnisse, Prädispositionen) taten/tun dies? Welche Bedeutung hatte bzw. kann die Straftat für die betroffene Person haben? Welche Umstände und Eigenschaften können sie davon abhalten bzw. sie davor schützen, Straftaten zu begehen? Hinsichtlich der letzten zu beantwortenden Frage fällt negativ ins Gewicht, dass das Instrument keine Schutzfaktoren beinhaltet. Diese Inkonsistenz scheint jedoch durch das Interventionsprogramm „Healthy Identity Intervention" ausgeglichen worden zu sein.

Zusammenfassend sei hervorgehoben, dass das ERG-Instrument aufgrund theoretischer Konstrukte (Selbstkategorisierungstheorie, Theorie des geplanten Handelns) und der Fallarbeit inkl. wissenschaftlicher Begleitung und Evaluation als RNR-Modell entwickelt wurde. Dessen Verfahren der erklärungsorientierten Fallformulierung ließe sich mit MIVEA vergleichen, auch wenn die letztere

Methode auf einer deutlich solideren empirischen Basis entstanden ist. Im Gegensatz zur VERA-Checkliste, die ursprünglich eklektisch in Anlehnung an den HCR-20 als Grundlage für Interventionen beschrieben wurde, wohnt dem ERG-Verfahren der Präventions- und Interventionsgedanke inne. Dessen Ausdruck ist das entworfene HII-Interventionskonzept. Zugleich ist es nicht summativ, sondern eher idiographisch angelegt. Auch wenn der ERG überzeugend erscheint, ist dennoch dem Urteil von Herzog-Evans (2018, S. 20) zuzustimmen: „The capacity of both of these tools [VERA und ERG, M. L.] to truly assess risk is currently unknown and debatable." (Tab. 3.1).

3.2   Violent Extremism Risk Assessment (VERA)

VERA wurde zwecks Expertenkonsultation im November 2009 vorgestellt und anschließend nach mehreren Anpassungen zwischen 2010 und 2012 als kommerzielles RBeG-Instrument auf den Markt gebracht (Pressman 2009). Seitdem hat es weitere Überarbeitungen erfahren. 2015 erschien nach Beratungen mit namentlich nicht genannten Experten die Version VERA-2R. Im Gegensatz zur freien Testversion sind alle Nachfolger-Checklisten nicht frei zugänglich. Die Entwicklerin des Instruments nennt als Voraussetzung für die Anwendung eine zweitägige Schulung und die Teilnahme an Supervisionen. Die Anwender müssen überdies über Erfahrungen mit der Durchführung von Risikobewertungen verfügen.

VERA-2 scheint eines der bekanntesten RBeG-Instrumente zu sein. Zumindest wird es international intensiv beworben und mit der finanziellen Förderung der Europäischen Kommission im Rahmen des Programms „Horizon 2020" in einer Reihe von EU-Staaten implementiert.[3] Dies überrascht kaum. Hat doch seine Entwicklerin in vielen Publikationen zahlreiche Anwendungsmöglichkeiten in verschiedenen Settings aufgezeigt – für die individuelle Risikoeinschätzung (Pressman und Flockton 2012), als methodische Blaupause für lokale CVE-Initiativen (Pressman 2016) und im Strafvollzug (Pressman und Flockton 2014). Seit 2016 existiert zudem eine Checkliste zur Beurteilung der Cyber-Risiken (CYBERA). Überdies soll das Instrument für Jugendliche und Erwachsene gleichermaßen valide sein. Zugleich werden in letzter Zeit Meinungen vertreten, die einen Nutzen für einige Länder ob der spezifischen Betroffenenpopulationen infrage stellen (Herzog-Evans 2018).

---

[3]The VERA-2R is the world's leading risk-assessment instrument in the field of countering violent extremism (CVE), URL: https://www.vera-2r.nl/implementing-the-vera-2r/global-and-european-implementation/index.aspx (19. Oktober 2018).

Tab. 3.1 Risikokategorien und -faktoren des ERG 22+

	Engagement
	Engagement
1.	Bedürfnis, Ungerechtigkeit zu beseitigen und Missstände anzusprechen
2.	Bedürfnis, Gefahren abzuwehren
3.	Bedürfnis nach Identität, Sinn, Zugehörigkeit
4.	Bedürfnis nach Status (Statussuche)
5.	Bedürfnis nach Aufregung, Kameradschaft oder Abenteuer
6.	Bedürfnis nach Dominanz (Dominanzstreben)
7.	Anfälligkeit für Indoktrination
8.	Politische/moralische Motivation
9.	Opportunismus
10.	Extremistische Straftaten unterstützende Familie oder Freunde
11.	Übergangsphasen
12.	Bereitschaft für die Sache zu sterben
13.	Psychische Verfassung
	Intention bzw. Bereitschaft
1.	Überidentifikation mit der Gruppe
2.	Wir/Ihr-Denken
3.	Dehumanisierung der Feinde
4.	Straftaten fördernde Einstellungen
5.	Schädigende Methoden der Zielerreichung
6.	Schädigende Zielsetzungen
	Fähigkeiten
1.	Wissen, Fertigkeiten und Kompetenzen
2.	Zugang zu Netzwerken, Geld und Ausrüstung
3.	Kriminelle Historie
+	Andere Faktoren

Quelle: Lloyd und Dean (2015, S. 46)

Neben den Risikofaktoren wurde ursprünglich ein Instrument mit drei Item-kategorien entwickelt: Deradikalisierung, Herauslösung (Disengagement) und protektive Faktoren (Pressman 2009, S. 24). Diese Kriterien wurden in VERA-2 als protektive und risikomindernde Faktoren teils integriert. Zugleich blieb unkommentiert, wie die so verstandenen Schutzfaktoren das Risiko verringern.

Dabei sind Schutzfaktoren nicht nur die Kehrseite von Risikofaktoren (King et al. 2018, S. 199). Der Zuwachs an Prädiktoren fiel vergleichsweise hoch aus: VERA bestand aus 28 Prädiktoren inkl. drei demographischer Faktoren wie bei HCR-20, während VERA-2 31 und VERA-2R 34 Faktoren plus 11 zusätzliche Merkmale – bspw. kriminelle und persönliche Vorgeschichte, sowie Psychopathologie – beinhalten.

Im Blick auf den Geltungsbereich des Verfahrens fällt eine weitere Inkonsistenz auf. Einerseits hieß es ursprünglich über VERA: „The VERA is to be used with and limited to persons with histories of extremist violence or convictions for terrorist related offences" (Pressman 2009, S. 24). Andererseits wurden für diese Version eher Risikofaktoren zusammengetragen, die in der Forschung als radikalisierungsrelevant (Radikalisierung in die Gewalt) erachtet werden (ebd., S. 31, 32). Anschließend erweiterte die Autorin den Geltungsbereich umfassend – ein Vorgehen, das Fragen nach der Sensitivität des Instrumentes aufwirft. Denn in der Terrorismusforschung ist es erwiesen, dass in der Radikalisierungs- und Persistenzphase verschiedene Faktoren greifen (della Porta 2013). Dies betrifft bspw. den Ideologisierungsgrad, die Selbstreferenzialität sowie Monoperceptose und das Ausmaß der Dehumanisierung bzw. Dämonisierung negativer Bezugsgruppen.

VERA-2 soll ein „Catch-all"-Instrument und für alle extremistischen Spielarten aussagekräftig sein, auch wenn einige Prädiktoren diesem Postulat widersprechen. So scheint bspw. die zu messende Einstellung „Feindseligkeit gegenüber nationaler Identität" mit der Itemformulierung für ein hohes Risiko – „Person hat kein Zugehörigkeitsgefühl und ist feindselig gegenüber der nationalen Identität" – zumindest in Hinblick auf den Rechtsextremismus und ethno-nationalistischen sowie teils „revolutionären" islamistischen Terrorismus deplatziert.

Darüber hinaus fügte die Autorin sogar noch weitere Zielgruppen hinzu. Das Instrument soll bei angehenden Auslandskämpfern und Rückkehrern gleichermaßen eingesetzt werden können, um Kohorten zu beurteilen. Aber auch zur Früherkennung ließe sich VERA-2 anwenden. Ein so hehrer Anspruch lässt die Frage aufkommen, ob es einer einzigen Checkliste überhaupt möglich ist, alle Spielarten und Motivlagen der politisch-ideologisch-weltanschaulich motivierten Gewalt sowie alle denkbaren Radikalisierungsstadien – Affiliation, Konsolidierung, Fundamentalisierung – valide und reliabel zu messen (vgl. Möller und Schuhmacher 2007; Wagner 2014).

Die Anwendung von VERA-2(R) setzt eine gute Fallkenntnis voraus, die im Idealfall aus dem Studium verschiedener Informationsquellen resultieren soll. Die Autorin formulierte darüber hinaus Beispielfragen, die optional an die zu beurteilende Person gestellt werden können. Alle 31 bzw. 34 Indikatoren und Risikofaktoren werden auf einer dreistufigen Skala – niedrig, moderat und hoch – bewertet, wobei für jede Merkmalsausprägung eine Operationalisierung hinterlegt ist. Anschließend nimmt der Anwender eine Gesamtbewertung auf einer ebenfalls dreistufigen Skala vor (Sadowski et al. 2017, S. 337). Die Heuristiken dürften jenen vom HCR-20 ähnlich sein.

Auffällig ist die „Ubiquität des Risikos": Alle Itemformulierungen der Stufe „niedrig" legen nämlich den Schluss nahe, dass keinerlei Risiko besteht und keine Interventionsmaßnahmen vonnöten sind. Zugleich suggeriert das Label ein „Entwicklungspotential" der relevanten Person. Empfehlenswert wäre vor diesem Hintergrund eine semantische und kategoriale Präzisierung, denn niedriges Risiko wäre analytisch von einem risikobezogen irrelevanten Fall zu trennen.

Nach Scarcella et al. (2016, S. 10) erfüllt VERA-2 nur wenige Anforderungen an die psychometrischen Eigenschaften eines Fragebogens: Lesbarkeit (++), kulturelle Übersetzbarkeit (+), Befragtenbelastung (++), Inhaltsvalidität (++) und Interrater-Reliabilität (++), also insgesamt fünf von 17 möglichen Kriterien. Die Prüfung der Interrater-Reliabilität von VERA an fünf Fällen – basierend auf offenen Quellen – und mit zwei Anwendern ergab jedoch eher eine moderate Objektivität (vgl. Hart et al. 2017, S. 17). Die „Inhaltsvalidität" des Instruments basiert auf Expertenmeinungen, was bei den SPJ-Checklisten zwar nicht selten ist. Zugleich ist jedoch zu bedenken, dass die Zusammenstellung der jeweiligen Risikofaktoren nicht (immer) anhand empirischer und evidenzbasierter Studien erfolgte. Bis dato wurde die Kriterienliste lediglich an einigen wenigen terroristischen Fällen getestet (Beardslye und Beech 2013) (Tab. 3.2).

Im Jahr 2016 wurde ein „Cyber-VERA Risk Assessment Protocol" oder CYBERA vorgestellt. In ihrem Aufsatz schilderten Pressman und Ivan (2016) an einem Fallbeispiel die Relevanz der entwickelten Risikofaktoren und gingen erneut auf die bereits angesprochenen vermeintlichen und tatsächlichen Vorteile von SPJ im Allgemeinen und VERA im Besonderen ein. Die Autoren empfahlen eine kombinierte Anwendung von beiden Checklisten. Dies soll unter anderem: 1) eine robuste internetfokussierte Früherkennung extremistischer Gewalt, 2) eine konsistente und reliable Risiko- sowie Gefahrenbewertung, 3) eine Bestimmung der Risikopfade von Individuen ermöglichen und 4) die Sicherheitsbehörden bei ihren Ermittlungen unterstützen (ebd., S. 391). Nach welchen Regeln der kombinierte Einsatz erfolgen soll, blieb allerdings offen. Im Blick auf die verdächtigen Zielgruppen versprechen die Autoren eine auf der empirischen Evidenz

Tab. 3.2 Risikokategorien und -faktoren des VERA-2R

BA	Überzeugungen, Einstellungen und Ideologie
BA1	Bindung an die Vorgaben einer gewaltlegitimierenden Ideologie
BA 2	Selbstwahrnehmung als Opfer von Ungerechtigkeit und Benachteiligung
BA 3	Entmenschlichung/Dämonisierung der Quelle von Ungerechtigkeit
BA 4	Ablehnung demokratischer Gesellschaft und Werte
BA 5	Erleben von Hass, Frustration, Verfolgung und Entfremdung
BA 6	Feindseligkeit gegen nationale kollektive Identität
BA 7	Mangel an Empathie und Verständnis für die Out-Gruppe
SCI	**Sozialer Kontext und Absicht**
SCI 1	Interessent, Konsument und Entwickler von gewalttätigem extremistischen Material
SCI 2	Identifikation von Angriffszielen (Personen, Orte, Gruppen)
SCI 3	Persönlicher Kontakt mit gewalttätigen Extremisten
SCI 4	Erklärte Absicht gewalttätigen Handelns
SCI 5	Bereitschaft für die Sache zu sterben
SCI 6	Erklärte Absicht, Gewaltaktionen zu planen und vorzubereiten
SCI 7	Anfälligkeit für Beeinflussung, Autoritäten und Indoktrination
HAC	**Geschichte, Handlungen, Kompetenzen**
HAC 1	Früher Umgang mit einer gewaltlegitimierenden Ideologie
HAC 2	In Gewalthandlungen involviertes Netzwerk (Familie, Freunde)
HAC 3	Historie der Gewaltkriminalität
HAC 4	Taktisches, paramilitärisches Training und/oder Sprengstoffausbildung
HAC 5	Ideologisches Training
HAC 6	Zugang zu Geld und anderen Ressourcen, organisatorische Fähigkeiten
CM	**Engagement und Motivation**
CM 1	Gewaltlegitimation und -verherrlichung

(Fortsetzung)

Tab. 3.2 (Fortsetzung)

CM 2	Motiviert durch kriminellen Opportunismus
CM 3	Bindung an eine Gruppe und Ideologie
CM 4	Motiviert durch moralisches Imperativ und moralische Überlegenheit
CM 5	Motiviert durch Aufregung und Abenteuer
CM 6	Erzwungene Beteiligung an gewalttätigem Extremismus
CM 7	Statusstreben
CM 8	Sinnsuche
P	**Protektive Faktoren**
P 1	Weniger rigide und verabsolutierende (Re-)Interpretation der Ideologie
P 2	Ablehnung der Gewalt zur Zielerreichung
P 3	Veränderung der Feindwahrnehmung
P 4	Teilnahme an Deradikalisierungsprogrammen
P 5	Unterstützung von Gewaltlosigkeit durch die Gemeinschaft
P 6	Unterstützung von Gewaltlosigkeit durch Familie und andere relevante Personen
Ergänzende Indikatoren	
CH	**Kriminelle Vorgeschichte**
CH 1	Klient des Jugendstrafsystems/Verurteilung wg. Straftaten ohne Gewalt
CH 2	Nicht-Einhaltung von Bedingungen oder Auflagen
PH	**Persönliche Vorgeschichte**
PH 1	Gewalt in der Familie
PH 2	Erziehungsprobleme und/oder Unterbringung in einer Einrichtung der Jugendpflege
PH 3	Probleme mit Schule und Arbeit
MD	**Psychische Störungen**
MD 1	Persönlichkeitsstörung
MD 2	Depressive Störungen und/oder Selbstmordversuche
MD 3	Psychotische und/oder schizophrene Störung
MD 4	Störung im autistischen Spektrum
MD 5	Posttraumatische Belastungsstörung (PTBS)

(Fortsetzung)

Tab. 3.2   (Fortsetzung)

MD 6	Störung aufgrund von Substanzmissbrauch
SPJ	**Finale Gesamtbewertung**

Quelle: VERA-2R-Manual

basierende Früherkennung, die aus der strukturierten Bewertungsmethode von relevanten Indikatoren resultiere, da das SPJ als die beste vorhandene Option gelte (ebd., S. 397) (Tab. 3.3).

Zusammenfassend sei hervorgehoben, dass die Entwickler der VERA-Suite beachtenswerte RBeG-Checklisten auf den Markt gebracht haben, deren Messgenauigkeit und methodischer Güte allerdings viel zu wenig Beachtung beigemessen wurde. Daher sollten die entwickelten Instrumente einer eingehenden Prüfung unterzogen werden, bevor sie europaweit gestreut werden.

3.3   Identifying Vulnerable People (IVP) Guidance

IVP wurde im Auftrag des Office for Security and Counter Terrorism im Vereinigten Königreich mit dem Ziel entwickelt, Praktiker aus dem öffentlichen Dienst über relevante Vulnerabilitätsfaktoren zu informieren, um extremistische Radikalisierung einschätzen zu können. Das Instrument zielt dabei auf „Verhaltensindikatoren" ab, die die Identifikation von Risiken ermöglichen sollen (Egan et al. 2016, S. 23, 26). Die Entwickler verstehen die Checkliste als ideologisch neutral, wobei sie sowohl spezifische, als auch allgemeine Risikokategorien beinhaltet. Als zentrales Konstrukt gilt dabei die Rationalisierung der Gewaltanwendung als notwendiges Mittel (ebd., S. 21). Die Effektivität des Instruments wurde an 182 Personen getestet, die entweder wegen ernsthafter Gewalttaten (Körperverletzung, Tötung und Bombenanschläge) inhaftiert oder bei der Tatausübung getötet wurden. Zu 157 von diesen 182 Straftätern lagen spezifische tatrelevante Daten vor. Schulamokläufer wurden als ideologisch neutrale Vergleichsgruppe herangezogen. Zusätzlich schätzten zwei Anwender unabhängig voneinander 30 Fälle ein.

Da die Autoren vor allem offene Quellen im Internet (OSINT) auswerteten, krankte die Datenbank an zahlreichen „Missings", sodass bei sieben von 16 Risikokategorien über 60 % der Informationen fehlten. Dies wirkte sich verständlicherweise auf die Validität und Reliabilität des Instruments aus, wobei eine höhere Informationsdichte deren Kennzahlen verbesserte. Die Tests ergaben eine

Tab. 3.3 Risikokategorien und -faktoren des CYBERA

	Symbolik
1.	Benutzt Darstellungen, Symbole/Logos terroristischer Organisationen, Steganographie
2.	Betreibt Seiten/Rubriken mit Gewaltverherrlichungen, Aggressionen und rigiden Weltbildern
3.	Benutzt musikalischen Hintergrund zur Anstiftung zu Hass und Gewalt
4.	Ändert oft Profil- und Coverbilder – inkonsistente Identität
	Semantischer Inhalt
1.	Persönliche, terroristische Narrative zur Verbreitung extremistischer Ansichten, Aggressionen, Missstände
2.	Benutzt multiple/alternative identitätsbezogene Narrative
3.	Idealisiert die Eigengruppe, diffamiert Andere, Dehumanisierung
4.	Kommuniziert extremistische Ansichten, Loyalität zu terroristischen Gruppen, Narrative
	Überzeugungen, Einstellungen, Intentionen
1.	Bindung an eine gewaltlegitimierende Ideologie
2.	Selbstwahrnehmung als Opfer von Ungerechtigkeit und Benachteiligung
3.	Ablehnung demokratischer Gesellschaft und Werte
4.	Hängt Verschwörungstheorien über die ethnische/religiöse Eigengruppe an
5.	Moralische Emotionen: Hass, Ärger, Frustration, Entfremdung
6.	Identitätskonflikt, Ablehnung der nationalen kollektiven Identität

(Fortsetzung)

Tab. 3.3   (Fortsetzung)

7.	Mangel an Verständnis, Toleranz außerhalb der Eigengruppe
8.	Äußert die Absicht gewalttätigen Handelns, stiftet zur Gewalt an
9.	Äußert die Bereitschaft, für die Sache zu sterben und Märtyrertum zu erreichen
10.	Evidenz über Planung, Vorbereitung gewalttätiger Aktionen
	Virtueller sozialer Netzwerkkontext
1.	Ist Mitglied in einer Gewalt legitimierenden Online-Gruppe bzw. in Sozialen Medien
2.	Wiederholter Zugriff auf Blogs, extremistische Foren, terroristische Informationen, Know-how
3.	Knüpft Online-Freundschaften und -Kontakte zu anderen gewalttätigen Extremisten
4.	Anfälligkeit für Beeinflussung, Autoritäten und Indoktrination
	Fähigkeitsrelevante individuelle Online-Aktivitäten
1.	Hat paramilitärisches Training, Ausbildung in Bombenbau oder Bombenbauanleitungen
2.	Benutzt verschiedene E-Mail-Adressen zur Identitätsverschleierung
	Führung, Fähigkeiten
1.	Hat viele Anhänger, ein Netzwerk, Online-Führungsrolle
	Zusätzliche Beschreibung (ohne Klassifikation)
	Häufiger Zeitpunkt der Internetaktivitäten (Tag, Abend, Nacht)
Gesamtbewertung des Cyber-Risikos (anhand vorliegender Informationen)	

Quelle: Pressman und Ivan (2016, S. 400)

höhere Reliabilität bei „konventionellen" Terroristen (Irish Republicans und Isla-misten) und Rechtsextremisten. Bei Tierschützern und Schulamokläufer war die Checkliste nicht reliabel. Die Vorhersage der Tatspezifik erwies sich ebenfalls als unmöglich. Somit ergaben sich eher moderate Werte der Spezifizität, Sensi-tivität sowie Prognosegüte des Instruments. Am effektivsten war IVP allerdings bei negativer Vorhersage ernsthaften Outcomes durch (ideologisierte) Extremisten (ebd., S. 26), d. h. für die Beantwortung der Frage, wer keine ernsthaften Strafta-ten begehen wird. Dies scheint ein interessanter, aber leider nicht näher erklärter Ansatz zu sein.

Die Autoren empfehlen den Einsatz des IVP zur Anfangsbewertung der Vulnerabilität, wobei sich die Berechnung des ungewichteten Gesamtscores als optimaler Weg erwies, da die Gewichtung der für den Extremismus als zentral geltenden Items weder die Reliabilität noch die Vorhersagegüte verbesserte (ebd., S. 21, 25). Wer sich die Risikokategorien von IVP anschaut, wird erkennen, dass die moderat ausgefallenen psychometrischen Kennwerte – abgesehen von den fehlenden Werten – auch mit der Stringenz der Testverfahren zusammenhän-gen. Die oben besprochenen SPJ-Instrumente können dem schwerlich entsprechen (Tab. 3.4).

3.4   Terrorist Radicalization Assessment Protocol (TRAP-18)

Das TRAP-18-Protokoll (weiter: TRAP) versteht sich als „Schablone" für inves-tigative Zwecke zur Einschätzung von terroristischen Einzeltätern. Aufgrund der nicht hinreichend belegten Validität lässt es sich zum jetzigen Zeitpunkt nicht als SPJ-Prognoseinstrument bezeichnen. Angesichts der fehlenden Vergleiche mit Kontrollgruppen stellt es ebenso wenig ein Instrument zur Identifikation von gefährlichen Personen mit terroristischen Intentionen dar. Es soll eher als Hilfsmittel bei der Fallbearbeitung eingesetzt werden. Die von den Autoren identifizierten distalen Faktoren indizieren die Notwendigkeit einer näheren Beob-achtung (Monitoring), während beim Vorliegen eines proximalen Indikators die Maßnahmen des Risikomanagements angezeigt sind (Meloy et al. 2015, S. 148).

Das Instrument besteht aus acht solchen proximalen Warnverhaltensindikato-ren und zehn distalen Risikofaktoren. (Fünf relevante Warnverhaltensindikatoren – Pfad, Fixierung, Identifikation, neue Aggression und letzter Ausweg – trugen in früheren Forschungen verlässlich zur Unterscheidung zwischen den deutschen Schulamokläufern und anderen verdächtigen Schülern ohne Gewaltintention bei.) Es beruht auf einem psychodynamischen sowie psychosozialen Modell, das zwar

Tab. 3.4   Risikofaktoren des IVP

	Items
1.	Kulturelle und religiöse Isolation
2.	Isolation von der Familie
3.	Risikosuche
4.	Plötzliche Veränderung in der religiösen Praxis
5.	Gewaltrhetorik
6.	Negative Peereinflüsse
7.	Isolation von der Gleichaltrigengruppe
8.	Hassrhetorik
9.	Politischer Aktivismus
10.	Paramilitärisches Anfangstraining
11.	Auslandsreisen bzw. –aufenthalt
12.	Todesrhetorik – steigende Salienz
13.	Mitgliedschaft in einer extremistischen Gruppe – steigende Salienz
14.	Kontakt zu bekannten Rekrutierern und Extremisten – steigende Salienz
15.	Fortgeschrittenes paramilitärisches Training – steigende Salienz
16.	Auslandskampf – steigende Salienz

Quelle: Egan et al. (2016, S. 23)

empirisch noch nicht getestet wurde, aber reliabel und valide zu sein schien (ebd., S. 147).

Beim Test der Inhaltsvalidität und Interrater-Reliabilität wurden die Kriterien von TRAP an zwei Gruppen – terroristischen Einzeltätern (18 Personen) und Mitgliedern autonomer Terrorzellen (sieben Personen) – codiert. Bei 72 % der Variablen (13 von 18 Risikokategorien) lagen positive Korrelationen unabhängig von den Zielgruppen vor. Die Testung mit zwei Anwendern ergab eine gute bis sehr gute Interrater-Reliabilität für alle Variablen.

Im Blick auf die distalen Charakteristika stachen drei Risikofaktoren in beiden Gruppen heraus – moralische Empörung und persönliche Missstände, ideologisches Framing und Veränderungen auf der kognitiven sowie emotionalen Ebene. Deutliche Unterschiede zwischen terroristischen Einzeltätern und Mitgliedern autonomer Terrorzellen ergaben sich in Hinblick auf (sexuelle) Beziehungen und den „Nexus zwischen Ideologie und Psychopathologie" (etwa 54 gegenüber 29 %); hinsichtlich der kriminellen Gewaltkarrieren waren sie viel weniger auffällig (ebd., S. 148). Autonome Zellen waren im Vergleich kreativer und

innovativer. Keine signifikanten Differenzen waren bei den proximalen Warnverhaltensindikatoren feststellbar, sieht man von der direkten (Be-)Drohung (20 %
bei Einzeltätern) und einer neuartigen Aggression (37, 5 % bei Einzeltätern gegenüber 50 % bei Zellenmitgliedern) ab. Die Autoren wiesen zugleich auf viele
fehlende Werte hin (ebd., S. 145).

Negativ fällt auf, dass es keine Kontrollgruppen gab. Zudem war die Test-
gruppe einerseits klein und andererseits keine Stichprobe mit unbekannten Zielkri-
terien. Die Datengewinnung erfolgte über offene Quellen, wobei der Codierungs-
und Interpretationsprozess wahrscheinlich nicht frei von Artefakten war. Es fehlten Kontrollvariablen. Die Autoren legten überdies ihre Codes nicht offen. Nach
welchen Regeln die abschließende Urteilsbildung jenseits der beschriebenen
Heuristik erfolgen soll, blieb ungeklärt.

Die Autoren empfahlen daher, TRAP in Kombination mit VERA und MLG zu
benutzen, was den Bewertungsprozess allerdings deutlich verkomplizieren dürfte.
Erwähnenswert ist die Erkenntnis, der zufolge historische Variablen über die
Gewalthistorie hinaus bei der Querschnittsbewertung nicht im Vordergrund stehen sollen, da die dynamischen Risikofaktoren wichtiger sind (ebd., S. 149).
Abschließend die psychometrischen Eigenschaften des Protokolls nach Sarcella
et al. (2016, S. 10): Lesbarkeit (++), kulturelle Übersetzbarkeit (+), Befragtenbelastung (++), Inhaltsvalidität (++), Interrater-Reliabilität (++) und Sensitivität (+)
(Tab. 3.5).

Tab. 3.5 Risikofaktoren des TRAP-18

	Proximale Risikofaktoren (Warnverhaltensindikatoren)
1.	Entwicklungsverlauf bzw. Pfad (Ausforschen, Vorbereiten, Umsetzen)
2.	Fixierung (pathologische Beschäftigung mit einer Person oder Sache)
3.	Identifikation (Selbstkategorisierung als Kommando, Militarisierung des Denkens)
4.	Neue Aggression (unabhängig vom Entwicklungspfad, erstmalige Gewalt)
5.	Energieausbruch (Anstieg von Aktivitäten im Blick auf das Ziel bzw. Opfer)
6.	Durchsickern (Kommunikation der Absicht an Dritte)
7.	Letzter Ausweg („Gewaltimperativ" und „Zeitimperativ")
8.	Direkt kommunizierte Bedrohung
	Distale Risikofaktoren als Charakteristika von Terroristen
1.	Persönliche Missstände und moralische Empörung
2.	Ideologisches Framing zur Gewaltrechtfertigung
3.	Erfolglosigkeit bei Anbindung an extremistische Gruppen
4.	Abhängigkeit von einer virtuellen Gemeinschaft
5.	Berufliche Misserfolge
6.	Veränderungen der Kognitionen und Emotionen
7.	Fehlen einer/s Sexualpartnerin/-s und Sexualisierung der Gewalt
8.	Nexus zwischen Psychopathologie und Ideologie
9.	(Taktische) Kreativität und Innovation
10.	Instrumentelle Gewalt

Quelle: Meloy et al. (2015, S. 143 f.); vgl. Borchard et al. (2018, S. 465 f.)

Was sind Risikofaktoren? 4

Um valide und reliable Instrumente entwickeln zu können, sind die Befunde der angewandten Extremismusforschung und Kriminologie zu berücksichtigen. So sind die Radikalisierungsverläufe im Blick auf das Verhältnis zwischen Einstellung und Gewalt zu bedenken. Empirische Befunde legen nahe, dass Personen mit kriminellen Karrieren in der Prä-Radikalisierungsphase nach ihrer Radikalisierung eher gewalttätig bzw. extremere Formen des Engagements vorziehen werden (Jensen et al. 2016, S. 41). Grundsätzlich sind vier idealtypische Verlaufsmuster möglich – Gewalt vor Einstellung, Gleichlauf, Einstellung vor Gewalt und unabhängiges Nebeneinander (Krüger 2008). Eine bereits vor ihrer „Konversion" gewalttätige und kriminell vorbelastete Person wird eine abweichende Kombination von Risikofaktoren aufweisen als jemand, der sich durch eine panislamistische Gewalttheologie überzeugen ließ. Diese Subpopulation wird sich wiederum von jener Gruppe unterscheiden, die sich als Auslandskämpfer auf den Weg machte, um der in Mitleidenschaft gezogenen Bevölkerung bspw. in Syrien unter die Arme zu greifen. Daher ist eine Zielgruppeninflation wie beim VERA-Ansatz kein gangbarer Weg der extremismusrelevanten Prognoseforschung.

Bock (2019, S. 388 f.) schlägt in diesem Zusammenhang vor, zwischen *primärer* und *sekundärer* Radikalisierung dimensional zu unterscheiden. Im zweiten Fall sei die *kriminelle* Karriere *primär,* und eine oberflächliche Übernahme radikaler Wertvorstellungen eher *sekundär.* „Anders ist es bei der *primären Radikalisierung.* Eine kriminelle Vorgeschichte gibt es hier nicht, dafür aber ein grundständiges Interesse an religiösen, moralischen und Sinnfragen. Die als hohl, verlogen, oberflächlich, inkonsequent oder zynisch empfundene Lebensweise und Weltsicht der Repräsentanten der Mehrheitsgesellschaft fordert einen Gegenentwurf heraus, der bei entsprechender **kognitiver Konsistenz und ethischer**

Konsequenz dazu führen kann, dass man sich zur Gewalt geradezu verpflichtet fühlt. Die Gewalt richtet sich im Zweifel sogar *gegen* natürliche Impulse und Hemmungen und der Verlust der bisherigen tragenden Bindungen und Kontakte, die beim sekundär Radikalisierten ohnehin eher fehlen, wird als *schmerzhaft* empfunden. Die Gewalt ist sekundär: eine unausweichliche moralische Konsequenz aus der subjektiv als wahr erkannten Sicht auf die Welt [...]" (ebd.). Bei sekundär Radikalisierten sind die kognitive Konsistenz und die ethische Konsequenz eher schwach ausgeprägt.

Des Weiteren erscheint es geboten, die relevanten Risiko- und Schutzfaktoren in Hinblick auf die Altersvariable zu gewichten. Die kriminologische Forschung hat einige relevante Abweichungen hinsichtlich der Werte- bzw. ideologischen Dimension in der frühen und späten Jugendphase zutage gefördert, die in der Prognoseforschung selten Beachtung fanden. So lässt sich im frühen Jugendalter besonders häufig beobachten, dass ideologische Orientierungen und Denkfiguren noch keine bestimmende und tragende Rolle besitzen bzw. kein Affiliationsgrund sind. Eher stellen sie die Folge von delinquentem Verhalten und delinquenten Peers als deren Ursache dar, sodass die Affinisierung sich primär aus sozialökologischen Gegebenheiten (Kontakte in der Schule, im Wohnviertel etc.) ergibt. Im späten Jugendalter ist das Verhältnis zwischen Ideologie bzw. Werten und Verhalten anders geartet. Mit fortschreitendem Alter und unter Einfluss jeweiliger Gruppendynamiken entwickelt sich eine Rückkopplung von Werten zum Verhalten, so dass wertebedingter Kontakt zu delinquenten Personenzusammenschlüssen gezielt gesucht wird. Dabei ist es sinnvoll, Radikalisierung als nicht-linearen, multikausalen und multimodalen Prozess zu verstehen, bei dem unterschiedliche Ausgangsbedingungen zur gleichen Entwicklung führen (Äquifinalität) und die gleichen Risikokonstellationen unterschiedliche Folgen nach sich ziehen (Multifinalität) können (Horgan 2009).

In der staatlich geförderten US-amerikanischen Radikalisierungsforschung konnten einige Risikofaktoren identifiziert werden, die aus kriminologischer Sicht allerdings nicht neu sind (Smith 2018, S. 7, 28):

1. Kriminelle Gewalthistorie,
2. Allgemeinkriminelle Historie,
3. Assoziation mit delinquenten Peergruppen,
4. Mitgliedschaft in einer extremistischen Gruppe,
5. Starke Bindung an eine extremistische Ideologie,
6. Kriminelle Absichten,
7. Psychologische und psychische Probleme,
8. Fertigkeiten und Ressourcen,

9. Arbeitslosigkeit oder sporadische Beschäftigung,
10. Niedrige Bildung und niedriger sozialökonomischer Status,
11. Unfähigkeit, relevante Ziele zu erreichen,
12. Beziehungsprobleme,
13. Distanz zur Familie.

Im Blick auf die terroristischen Einzeltäter erwiesen sich nachfolgende Vulnerabilitätsfaktoren als relevant (ebd., S. iii):

1. Einträge im Vorstrafenregister,
2. Personale und politische Missstände,
3. Schizophrenie und wahnhafte Störung,
4. Arbeitslosigkeit,
5. Soziale Isolation,
6. Alleinstehend,
7. Militärische Erfahrungen,
8. Männlich.

Interaktionistische und nicht reduktionistische Ansätze fanden in diesem Forschungsstrang weniger Beachtung (vgl. Bosi et al. 2014; Alimi et al. 2015; Wagner 2014; Lösel 2020). Mit Blick auf diagnostische Kategorien mangelt es in der Prognoseforschung zugleich an Überlegungen hinsichtlich ihres Nutzens für die Risikobewertung. Urbaniok (2016, S. 12 f.) zufolge sind diese nicht nur ungeeignet, sondern auch des Öfteren eine wesentliche Fehlerquelle und schädlich. „Das hat zum einen mit der […] unterschiedlichen Perspektive diagnostischer Einordnungen und Risikobeurteilung zu tun. Es hat aber auch mit der Unschärfe vieler diagnostischer Vorstellungen zu tun, bei denen sich z. B. Ebenen der Ätiologie und der Symptomatik vermischen. Gerade tiefenpsychologischen Ansätzen ist es zu eigen, dass sich die Einordnung eines Verhaltens sehr weit von den beobachtbaren Bezugspunkten entfernen kann". Die Ursache dafür liege in den impliziten Theorien, die den Untersuchern naheliegen und gefallen und die für sie einen besonders hohen Erklärungswert ergeben. Dann (er-)finden sie eine vermeintliche Evidenz nach der anderen (ebd., S. 13).

In einer systematischen Literaturübersicht (n = 116) arbeiteten Vergani et al. (2018) einige Druck-, Zug- und individuelle Risikofaktoren heraus, die auf solche Interaktionen zwischen verschiedenen Akteuren abstellen. Knapp 80 % der analysierten Artikel nannten Pull-Faktoren, knapp 60 % bezeichneten Push-Faktoren und knapp 40 % der Texte hoben relevante personale Vulnerabilitätsfaktoren hervor.

Als die für die kognitive und konative Radikalisierung relevanten Pull-Faktoren gelten: extremistische Propaganda, Gruppendruck, Bindung an Gleichgesinnte, Zugehörigkeit und Identitätssuche, Familien- und Freundschaftseinflüsse, charismatische Anführer und Rekrutierer, materielle und ideelle Belohnungen (ebd., S. 10). Die in der Literatur oft genannten Push-Faktoren sind: die als Ungerechtigkeit, Marginalisierung und Missstand gerahmte relative Deprivation der Eigengruppe, Frustration, Viktimisierung und Stigmatisierung. Im Blick auf den Islamismus werden die aggressive Außenpolitik der USA, der Krieg gegen den Terrorismus oder allgemein die Dominanz des Westens, aber auch die repressiven Regime genannt (ebd., S. 8 f.). Zu den individuellen Risikofaktoren zählen: psychische Probleme, Depressionen, niedriger Selbstwert, Entfremdung, Isolation, die die kognitive Öffnung und Sinnsuche auslösen sollen, sowie Alters- und Geschlechtsvariablen, kriminelle Historie, Substanzmissbrauch und militärische Kenntnisse.

Ähnlich argumentierte in der Radikalisierungsforschung Borum (2015), indem er die Notwendigkeit betonte, Cluster von Risikofaktoren zu bilden statt diese einzeln in Items zu übersetzen. Zugleich ist sein Acht-Cluster-Modell der Risikofaktorenanalyse mit dem Akronym ABC BASIC alles andere als ein „schlankes Design". Das Modell beinhaltet folgende Dimensionen:

1. Affekte und Emotionen: Angst-Ärger, Hass, Abwertung und Verachtung als moralische emotionale Reaktionen auf Bedrohung und Gewalt gegen die relevante ethnische oder religiöse Eigengruppe;
2. (Früheres) Verhalten als Prädiktor zukünftiger Handlungen;
3. Kognitive Stile: Dogmatismus, Dualismus, Gruppenparanoia, apokalyptische Orientierungen, transformative Erfahrungen, Verhältnis zu einem charismatischen Anführer;
4. Glaube und Ideologie als regulierende Systeme, Motivationen und „Linse", durch die die Welt betrachtet wird;
5. Orientierungen als verhaltenssteuernde Interpretationsmuster seien wichtige, aber schwache Prädiktoren, weshalb die Spezifizität sowie Salienz und vor allem gewaltlegitimierende Orientierungen – Gewalt als nützliche Methode zur Zielerreichung – zu beachten seien (ebd., S. 72). Zu der Einstellungs- und Orientierungsebene zählen außerdem die moralische Abkopplung und subkulturelle Neutralisationstechniken.
6. Soziale Faktoren;

7. Politisierte kollektive Identität: Selbstidentifikation mit einer sich im politischen Machtkampf befindenden Gruppe, intersubjektiv geteiltes Wissen über Ursachen der Missstände und feindselige Attributionen;
8. Kompetenzen und Fähigkeiten (soziale, intellektuelle und physische).

Auch wenn die genannten Cluster anscheinend alle relevanten Risikofaktoren umfassen, bleibt nach wie vor offen, welche von ihnen als kausal gelten können. Die Suche nach Zug- und Druckfaktoren soll daher mit der Analyse von kausalen Mechanismen einhergehen.

Die kausale Radikalisierungsforschung steckt zwar noch in den Kinderschuhen, doch es gibt erste vielversprechende Auswertungen. So arbeiteten Jensen et al. (2016, S. 50, 91) über 70 Radikalisierungsmechanismen und darauf aufbauend zehn kausale Konstrukte heraus, die sie am Beispiel von acht Pfaden zu erklären versuchten. In Übereinstimmung mit einem Radikalisierungsmodell von RAND betonten die Wissenschaftler, dass zwei notwendige Bedingungen – Frameangleichung bzw. Selbstkategorisierung als trivialer Faktor und eine Krise in der identitätsrelevanten Gemeinschaft als notwendiger Faktor – Rahmenbedingungen schaffen, die Radikalisierungsprozesse anstoßen (vgl. Abb. 4.1).

Die Faktoren der ersten Ebene, also die notwendigen Bedingungen, sind demnach 1) Sozialisationsprozesse in der Gruppe und 2) zu erwartende Gratifikationen des terroristischen Engagements in Kombination mit einer der nachfolgenden Motivlagen – entweder der Überzeugung, Nothilfe leisten zu müssen, um bspw. Menschen zu verteidigen, oder der Rache für das persönliche und/oder kollektive Unheil oder dem religiösen respektive politischen Veränderungsdrang (Helmus 2009, S. 82 ff.). Diese Dimension stellt ideologische Rechtfertigungen für Terrorismus dar. Die radikalisierende Gruppe ist insofern von herausragender Bedeutung, als Gruppenprozesse der Vergewisserung der Richtigkeit ausgewählter Pfade, der Stärkung der Motivation und der Dehumanisierung der Feinde dienen. Solche Gruppen bzw. „bunches of guys" sind allerdings nicht mit den „radikalen Milieus" zu verwechseln. Um diese ausfindig machen zu können, bedarf es eines feinanatomischen Blicks auf die einzelnen Szenen. Die Gratifikationen für das terroristische Engagement bestehen im intensiven Erlebnis der Solidarität, Freundschaft und Kameradschaft, in der Zuschreibung eines sozialen Status und in den Vorteilen des Märtyrertums (Helmus 2009, S. 92).

Besonders hervorgehoben sei die zweite „Batterie" notwendiger Bedingungen. Um einen Radikalisierungsprozess anzustoßen, bedarf es in der Regel eines Zusammenspiels von zwei weiteren Faktoren: der Selbst-Kategorisierung im Sinne eines Kollektivs bzw. einer – zuweilen imaginierten – Gemeinschaft und

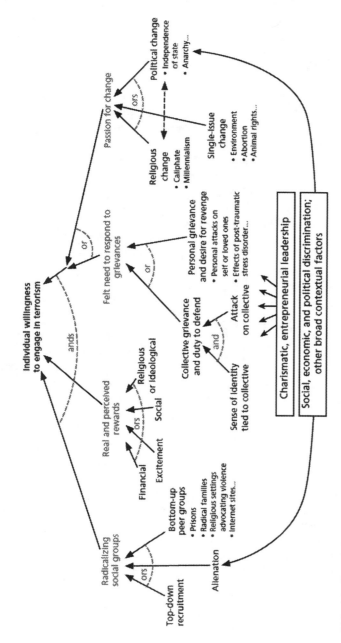

Abb. 4.1 Kausale Modellierung der Radikalisierungsfaktoren. (Quelle: Helmus 2009, S. xxv)

eines Angriffs auf diese, der zum kollektiven Unrecht führt und die Verteidigungspflicht auf den Plan ruft.

Demgegenüber erwiesen sich die psychologischen Faktoren wie die Statussuche nicht als notwendige Bedingungen: „Our findings suggest that the quest for status is not a necessary condition for violent extremism. Rather, it is a sense of community crisis, and the inability to achieve significance or the loss of significance that may accompany it, that acts as a near necessary condition for violent extremism. The quest for status or material gain only plays a small role as an INUS condition in a pathway to violence that is comparatively rare in comparison to the others" (Jensen et al. 2016, S. 71). In diesem Zusammenhang sei an die Theorie der Ressourcenerhaltung von Hobfoll (Conservation of Resources Theory, COR-Theorie) und ihre Implikationen für die Terrorismusforschung erinnert (Logvinov 2017, S. 45). So haben Canetti et al. (2010) die komplexen Zusammenhänge zwischen Religion und Gewalt analysiert und im ersten Untersuchungsschritt festgestellt, dass Religiosität und Gewalt nicht direkt, sondern vermittelt über die durch das Prisma einer Gruppenidentität wahrgenommene ökonomische und politische Deprivation korrelierten. Anschließend überprüften sie die Befunde unter Heranziehung der COR-Theorie. Die Folgestudien führten zu dem Ergebnis, dass bspw. die Religiosität stark mit dem sozioökonomischen Status und der perzipierten Diskriminierung zusammenhing, während diese Dimensionen mit dem Verlust psychologischer Ressourcen korrelierten, von dem wiederum starke Effekte auf die Unterstützung politischer Gewalt ausgingen (ebd., S. 576, 583).

Darüber hinaus betonten Jensen et al. (2016, S. 71): „[…] our findings reveal that pathways that combine individual psychological and emotional vulnerabilities with perceptions of community victimization are particularly important for explaining shifts to violence. In fact, of the 20 cases of violent extremism that are fully explained by our analysis, 17 (85 %) are members of one or more of these pathways".[1]

---

[1] „As individuals, cliques, and groups become more insular, common mechanisms of cognitive bias, such as groupthink, in-group/out-group bias, and diffusion of responsibility, set in, convincing individuals that the alleviation of community grievances and the amelioration of threats to community survival will only occur through violent action. This lends support to extant research that views radicalization as a process where non-ideological sources of personal vulnerability, such as traumatic experience (e.g. the loss of a loved one), distant or broken familial relationships, or group disparagement, combine with ideological drivers, which are often present in the group context. to produce violent expressions of political or social grievance" (Jensen et al. 2016, S. 72).

Somit stimmen diese Befunde bspw. mit einem dynamischen Radikalisierungsmodell von Sageman (2017a, S. 111 ff.), das er von den Prozessen der
Selbst-Kategorisierung ausgehend entwickelte („Kämpfer im Kontext") und an 34
internationalen Bewegungskampagnen überprüft habe. Die Selbst-Kategorisierung
in Gruppenkategorien als Entpersonalisierung der In- und Outgruppe(n) deutend,
wies der Forscher darauf hin, dass der Übergang zur politischen Gewalt nicht primär aus persönlichen, sondern aus Gruppenmotiven infolge der Aktivierung einer
politisierten sozialen Identität und der Imagination einer (diskursiven) politischen
Protestgemeinschaft erfolge.

Fallbezogene Diagnostik: strukturierter Leitfaden zur Risikoanalyse

Der vorliegende Leitfaden entstand nach einer Auswertung der radikalisierungs-relevanten Fachpublikationen und öffentlich zugänglichen Risikobewertungsver-fahren sowie im engen Austausch mit Beratern von EXIT-Deutschland und HAYAT-Deutschland (seit 2021: Beratungsstelle Leben). Als wissenschaftliche Inspiration seien hier vor allem FOTRES und MIVEA genannt (vgl. Urbaniok 2016; Bock 2019).

Ob der in diesem Entwicklungsstadium ausgebliebenen Validitäts- sowie Relia-bilitätsprüfung und angesichts fehlender Vergleiche mit Kontrollgruppen stellt der Leitfaden kein Prognoseinstrument im eigentlichen Sinn dar. Es ermög-licht keine Aussagen über die Eintrittswahrscheinlichkeit – *Wie hoch ist die Wahrscheinlichkeit, dass ein als gefährlich klassifizierter Extremist tatsächlich gefährlich wird?* – der von der einzuschätzenden Person ausgehenden Gefahr. Eher soll die Faktoren- und Indikatorenliste eine einschlägige Fallbeobachtung in allen Phänomenbereichen ermöglichen. In Anlehnung an TRAP-18 sei beim Vorliegen der distalen Faktoren die Notwendigkeit einer näheren Beobachtung (Monitoring) betont, während bei (proximalen) Indikatoren die Maßnahmen des Risikomanagements angezeigt sind (vgl. Meloy et al. 2015, S. 148).

Der Leitfaden dient als Orientierungshilfe bei der faktoren- und indikato-renbasierten Fallanalyse und soll Hinweise auf die Gefahren extremistischer Gewalt(straftäter) bei der Formulierung einer „Risikogeschichte" liefern. Gefahr (G) wurde hier operationalisiert als eine Funktion von der ideologieinduzier-ten Motivation/Intention (M), der aus der subjektiven Situationswahrnehmung resultierenden Legitimierung der Gewaltanwendung (L), von Fähigkeiten bzw. Möglichkeiten (F) und der situativ und/oder personal bedingten Kostenakzep-tanz (A): $G = f (M \times L \times F \times A)$, wobei die Motivation/Intention ausschlaggebend erscheint (vgl. Abb. 5.1).

M. Logvinov, *Risk Assessment im Extremismuskontext*, essentials, https://doi.org/10.1007/978-3-658-33173-3_5

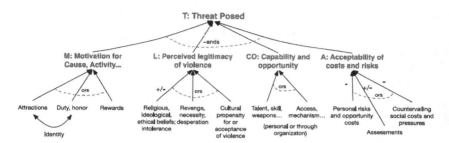

Abb. 5.1 Gefahrenfaktoren extremistischer Gewalt. (Quelle: Davis et al. 2015a, S. 2592)

In der untenstehenden Tabelle (vgl. Tab. 5.1) finden sich die als relevant erachteten Risikobereiche und -kategorien, die vor allem auf *harte* Faktoren mit zwei Merkmalsausprägungen zielen (vorhanden – nicht vorhanden). Der Zweck des Instruments in diesem Fall ist es, den Ist-Zustand des aktuellen Falls mit dem Ziel zu beschreiben, eine fokussierte Beobachtung und als notwendig erachtete Schritte im Rahmen des Bedrohungsmanagements möglich zu machen. Zur kontinuierlichen Fallbeobachtung bieten sich andere Skalen an, die je nach Zweck und Auswertungsmethoden entweder drei (schwache, mittelstarke und starke Ausprägung) oder mehr Ausprägungen haben (bspw. Likert-Skala). Je nach Blickwinkel handelt es sich bei einigen im Leitfaden abgebildeten Kategorien entweder um Radikalisierungsindikatoren (Radikalisierung als „Messkonstrukt", bspw. Tab. 5.1: I, II, IV) oder um Risikofaktoren im Hinblick auf die extremistische Gewalt.

Ziel der leitfadenbasierten Risikoeinschätzung soll es sein, verhaltensdeterminierende Anteile von Personen- und Situationsfaktoren herauszuarbeiten und durch Wenn-dann-Aussagen hypothesenbasierte, plausible, nachvollziehbare und überprüfbare Szenarien (pessimistisch – moderat – optimistisch) abzubilden. Als Blaupause bietet sich das Prozessmodell der idiographischen Prognose an, die im Wesentlichen vier Schritte umfasst (vgl. Dahle und Lehmann 2013, S. 355):

1. Biografie- sowie Bedingungsanalyse,
2. Analyse der *relevanten* Verhaltensmuster,
3. Querschnittsdiagnostik personaler Risiko- und Schutzfaktoren (Feststellung des aktuellen Entwicklungsstandes und Wenn-dann-Analyse),
4. Einschätzung der Wahrscheinlichkeit von Risikokonstellationen.

Tab. 5.1   Risikokategorien und -prädiktoren

I.	**Delinquenzfördernde Weltanschauung und Wertorientierungen**
1.	Radikaler Wandel als „kategorischer Imperativ" (Gewaltimperativ + Zeitimperativ)
2.	Normative und utilitaristische Gewaltrechtfertigung
3.	Moralische Überlegenheit und Deutungsmonopol
4.	Handeln im Namen einer höheren Instanz – steigende Relevanz
5.	Idealisiertes Selbstbild und Selbstaufopferung für die Sache – steigende Relevanz
6.	(Ideologieinduzierte) Delegitimierung, Dehumanisierung und/oder Dämonisierung der „Feinde"
II.	**Wahrnehmungsmuster und sozial-kognitive Informationsverarbeitung**
1.	(Willkürlich herbeigeführte) „Missstände" und „Leid" des identitätsrelevanten Akteurs
2.	„Angriff" und/oder „Unterdrückung" durch einen übermächtigen Akteur
3.	„Ungerechtigkeit" als Kernbestandteil politisierter Identität
4.	Selbstkategorisierung als „Verteidiger"/„politischer Soldat" – steigende Relevanz
5.	„Fremdheit" als Wahrnehmungsmuster
6.	Abwertung anderer Bewegungsfamilien („Abweichler", „Feiglinge", „Opportunisten")
III.	**Dispositionen und Fähigkeiten**
1.	Dissoziale Persönlichkeit, auch psychopathologisch bedingte *Dissozialität*
2.	Gewaltorientierte Persönlichkeitsdisposition
3.	Chronifizierte oder funktionalisierte Gewaltbereitschaft
4.	Physische und psychische Ressourcen (bspw. Durchsetzungsfähigkeit, Gewaltkompetenzen)
5.	Besondere Fähigkeiten (bspw. Waffen, Sprengstoff)
6.	Fähigkeiten zur Beschaffung materieller, finanzieller und/oder organisatorischer Ressourcen
IV.	**Kontaktbereich und Relevanzbezüge**
1.	Wahrnehmungsbedingte bzw. ideologieinduzierte Konflikte mit dem sozialen Umfeld
2.	Ideologieinduzierte Einschränkung sozialer Kontakte
3.	Konflikte mit dem früheren radikalen Milieu (Verdächtigen, Beschuldigen, Konspiration)
4.	Isolation vom nicht militanten Spektrum

(Fortsetzung)

Tab. 5.1   (Fortsetzung)

5.	Rückzug aus der „Alltagsmilitanz"
6.	Bildung einer „verschworenen Gemeinschaft"
V.	**Warnverhaltensindikatoren**
1.	Besitz von einschlägigen, auch abgewandelten Symbolen und Devotionalien
2.	Konsum/Produktion gewaltlegitimierender bzw. eliminatorischer Propaganda
3.	Kontaktanbahnung zu Gewaltunternehmern bzw. militanten Netzwerken – online und/oder offline
4.	(Versuch der) Teilnahme am paramilitärischen Training
5.	Wahrnehmbare Tarnaktivitäten
6.	Kommunikation einer Absicht oder Hinweise auf weitgehende Handlungsvorbereitungen
7.	Tat- und opferbezogene Rekognoszierungsaktivitäten
8.	Aktive Rekrutierungsversuche
9.	Tatrelevante Beschaffungskriminalität
VI.	**Situative Belastungsfaktoren und mögliche Auslöser**
1.	Mobilisierung der politisierten Identität durch relevante Konflikte bzw. beteiligte Akteure
2.	Biographische Zuspitzungen und belastende Übergangsphasen

Quelle: Eigene Darstellung

Die zentrale Aufgabe des Bewertungsverfahrens besteht nicht nur in der reinen Hypothesenbildung, sondern darüber hinaus in der Planung von Präventionsmaßnahmen und des Risikomanagements. Ziel ist es dabei, präventive, therapeutische und rehabilitative Strategien zu erarbeiten und die Kommunikation zwischen den beteiligten Akteuren bzw. Professionen zu erleichtern (vgl. Franqué 2013a, S. 358). Der jeweilige Prozess wird durch die Identifikation der Teilaufgaben strukturiert (vgl. ebd., S. 357):

• Bestimme das Zieldelikt und dessen Risikofaktoren.
• Stelle die Fallinformationen zusammen.
• Identifiziere die Risikofaktoren am Einzelfall.
• Bestimme deren individuelle Relevanz.
• Formuliere ein klinisches Modell.

- Entwickele zukünftige Szenarien (bspw. Wiederholungs-Szenario, optimistisches und Worst-Case-Szenario, Twist-Szenario sowie Szenario mit Intervention).
- Plane und beurteile Präventivmaßnahmen.
- Fälle ein abschließendes Urteil.

Um auf diesem Niveau einen Fall beurteilen zu können, bedarf es einer Quellentriangulation (bspw. Interviews, Aktenauswertung, Drittbefragung).

5.1 Hypothese(n) und Operationalisierung

Übereinstimmend mit der obigen Gefahrenformel werden hier die Motivation und die Legitimität als eine Kombination aus der delinquenzfördernden Weltanschauung und jeweiligen sozial-kognitiven Informationsverarbeitung (Wahrnehmungsmuster) operationalisiert. Die aus den sich gegenseitig bedingenden Kategorien bestehende Risikodimension „Dispositionen und Fähigkeiten" entspricht dem Summandum „Fähigkeiten/Möglichkeiten", während die situativen Belastungsfaktoren und teils der Kontaktbereich die Kostenakzeptanz beeinflussen. In vielen Fällen ließen sich die delinquenzfördernden Weltanschauungen und Wahrnehmungsmuster als personelle Relevanzbezüge und Wertorientierungen im Sinne von MIVEA beschreiben, die aus einem ausgeprägten Bezug zum gegenkulturellen Milieu resultieren und für einen Menschen in seinem alltäglichen Leben besonders bedeutsam sind. Da sie eine ausgeprägte persönliche Note haben, handelt es sich hierbei nicht um eine abstrakte Größe wie bspw. „Ideologie", sondern um Risikoeigenschaften einer Person. Die Frage lautet daher, welche Werte und Relevanzbezüge das alltägliche Leben des Betroffenen leiten und wie wirksam die jeweiligen Intentionen sind. Bei extremistischen Gewalttätern findet sich in der Regel eine Kombination aus der Durchsetzung ideologisch-politisch-religiöser Ziele als Relevanzbezug und den subkulturellen Neutralisationstechniken in den Wertvorstellungen. Die so verstandenen Relevanzbezüge und Wertorientierungen als Risikoeigenschaften kommen im beobachtbaren Verhalten zum Ausdruck (Bock 2013, S. 196). Die delinquenzfördernde Weltanschauung und teils die Wahrnehmungsmuster sind geprägt durch die Wertorientierung einer Subkultur, mit denen eine mehr oder minder vorbehaltslose Identifizierung erfolgt (vgl. FOTRES 3).

Der Kontaktbereich und sachliche oder örtliche Relevanzbezüge als Risikodimensionen zeichnen sich durch unterschiedlich wirksame Push- und Pull-Mechanismen, die die Bindung an die Mehrheitsgesellschaft schwächen und die

Identifikation mit einer gegenkulturellen Subkultur stärken. Zugleich sind die gruppendynamischen Prozesse im jeweiligen Milieu zu beobachten, denn die Subkulturen der Gewalt können sich durch eine doppelte Grenzziehung – von der Mehrheitsgesellschaft und vom extremistischen Mainstream – auszeichnen. Die Hineinentwicklung zur extremistischen Gewaltkriminalität ist in vielerlei Hinsicht abhängig von der – realen oder virtuellen – Gruppenzugehörigkeit.

Auch wenn sich extremistische Akteure in einem „permanenten Kampf" gegen ihre vermeintlichen Feinde wähnen, ist es zugleich erwiesen, dass sich Radikalisierungsspitzen vor dem Hintergrund der sozialen Konflikte und deren eskalativen Zuspitzungen ergeben. Im Hinblick auf Gruppen und Personen mit einer transnational ausgerichteten Identität sind es in der Regel Unterdrückung einer Gemeinschaft durch autoritäre Regime oder auch bewaffnete Konflikte als notwendige Bedingungen (vgl. Rechtsextremisten und Islamisten im Bosnienkrieg, Islamisten und Linksextremisten im Syrienkonflikt). Im Inland spielen soziale Konflikte und deren Eskalationen durch Konfrontationen zwischen verschiedenen radikalen Milieus eine wichtige Rolle. Im Hinblick auf die Spezifität des Risikos lohnt daher ein Blick auf mögliche Ursachen für die Mobilisierung politisierter Identität. So führt bspw. die Selbstkategorisierung als „Verteidiger" einer tatsächlich bedrohten Gemeinschaft zum Anstieg von Ausreisen der Auslandskämpfer. Die Identifizierung mit den Zielen einer antiwestlich ausgerichteten terroristischen Vereinigung im Ausland kann unter Umständen eher zu einer terroristischen Tathandlung im Inland führen. Auch Mischformen sind möglich.

Das zentrale Konstrukt dieses Instruments ist „Identifikation" bzw. „Selbstkategorisierung". Mit der Selbstkategorisierung ist eine für Wertorientierungen und Relevanzbezüge bedeutende Identifizierung mit einer (gewaltorientierten) Subkultur als notwendige Bedingung gemeint. Daraus ergibt sich die normative Rechtfertigung der jeweils akzeptierten Mittel der Problemlösung. Die „Selbstkategorisierung als" stellt ein Produkt der Identifikation dar und ist im Zusammenhang mit der Verschiebung der Relevanzbezüge ein aussagekräftiges Syndrom extremistischer Gefährdung. Zwar sieht sich sogar jeder Terrorist als Verteidiger einer identitätsrelevanten Gemeinschaft. Zugleich ergeben sich je nach Radikalitätsgrad programmatische Auseinandersetzungen zwischen den Szenen, die eine „prototypische" Rolle für sich beanspruchen. Es verwundert vor diesem Hintergrund wenig, dass radikalere Akteure sich als – manchmal missverstandene – Vertreter einer „reineren" Lehre sehen (vgl. Aufrufe zum Mord an den europäischen Salafisten durch den IS, „Imame des Unglaubens"). Daher lohnt ein Blick auf Verschiebungen der jeweiligen Kontaktbereiche und Relevanzbezüge – nicht nur außerhalb des radikalen Milieus.

5.2   Interpretation der Risikokategorien

Radikaler Wandel als „kategorischer Imperativ" (Gewaltimperativ + Zeitimperativ) als Kriterium liegt vor, wenn sich die einzuschätzende Person in mündlicher und/oder schriftlicher Form über die Notwendigkeit einer zeitnahen gewalttätigen Lösung eines (identitätsrelevanten) Konflikts äußert. Als risikobehaftet gilt vor allem die Kombination aus einer Einschränkung der Lösungsmöglichkeiten (Gewaltimperativ) und einer Betonung der subjektiv empfundenen Dringlichkeit der Problemlösung mit gewalttätigen Mitteln (Zeitimperativ) – vor allem in Kombination mit einer starken Akzentuierung des Leidens von Unschuldigen und Schutzbedürftigen.

Leitfragen:

- Besteht beim Betroffenen eine starre bzw. unflexible Überzeugung, zum Schutz der vermeintlich oder tatsächlich bedrohten positiven Bezugsgruppe alle Mittel einschließlich der Gewalt einsetzen zu *müssen,* da die besonderen Zeitumstände dies erfordern würden?
- Ist dabei ein Katastrophendenken feststellbar?
- Sind beim Betroffenen ethische Konsequenzen der Nichterfüllung von dieser „vergessenen Pflicht" – Scham- und/oder Schuldgefühle – feststellbar?
- Wird diese Orientierung mit moralischen Emotionen („gerechte Wut", fundamentalistischer Pathos) flankiert?
- Handelt es sich bei dieser Haltung um kognitive und emotive Mechanismen, die durch *vorhandene* – nationale oder internationale – eskalative Zuspitzungen ausgelöst wurden?
- Nimmt der Betroffene das Recht für sich in Anspruch, gewalttätig werden zu *dürfen?*

Das Kriterium der *normativen und utilitaristischen Gewaltrechtfertigung* ist erfüllt, wenn die Gewaltlegitimation zu einem – ideologieinduzierten – normativen Maßstab erhoben, wobei zugleich die Nützlichkeit der Gewaltanwendung hervorgehoben wird. Dies kann auch dann der Fall sein, wenn neben der gewaltlegitimierenden Ideologie historische Vorbilder und Narrative eines Kampfes an Relevanz gewinnen.

Leitfragen:

- Versucht der Betroffene, seine instrumentelle Aggressivität mit „Theorien" zu untermauern, die auf höhere Normen und „Gesetze" rekurrieren?
- Wird womöglich mit verschiedenen Techniken – historische Beispiele, „Erfolgsgeschichten" u. a. – der Nutzen von Gewaltanwendung betont?
- Wird im Sinne von „auf jeden Einzelnen von uns kommt es nun an" argumentiert?
- Verändert sich die Sprache des Betroffenen in Richtung militaristischer Rhetorik, die für die Außenstehenden in den meisten Situationen deplatziert erscheint?

Moralische Überlegenheit und Deutungsmonopol sind relevant, wenn anhand der zu beobachtenden Kommunikation ersichtlich wird, dass die Person das „wahre Wesen" der Dinge erkannt zu haben glaubt, und daraus ihr Auserwähltsein bzw. ihren moralischen Sonderstatus ableitet. Zugleich positioniert sie sich als moralischer Gegenpart zu einem moralisch verkommenen Gegner. Um diesen Faktor als Risikokategorie extremistischer Gewalt zu identifizieren, bedarf es dessen Verankerung in einem für die Person relevanten gewaltlegitimierenden Geschichtsstrang. Das Gefühl, zu „wissen, wie es läuft", verleitet einen zuweilen zu missionarischen Meinungsäußerungen. Dabei werden die kritischen Entwicklungsphasen in der Geschichte – bspw. ausufernde Gewalt, auch gegen die Eigengruppe – im Sinne des motivierten Urteilens relativiert und/oder auf die „falsche Umsetzung" zurückgeführt.

Leitfragen:

- Lässt sich bei der betroffenen Person ein (intoleranter) Anspruch auf Exklusivität im Hinblick auf relevante Erkenntnisse und Deutungen von Situationen feststellen?
- Wähnt sie sich in Besitz einer wahren Botschaft?
- Resultiert daraus eine Einstellung, die mit Pathos und moralischer Überlegenheit korreliert?
- Beansprucht der Betroffene für sich, Andere anführen, belehren und rechtleiten zu dürfen bzw. zu müssen?

Handeln im Namen einer höheren Instanz – steigende Relevanz: Dabei beruft sich die jeweilige Person auf höhere Instanzen sowie Werte und gibt vor, im Auftrag oder im Interesse einer (identitätsrelevanten) Gemeinschaft und/oder höheren Macht zu handeln.

Leitfragen:

- Sieht sich die betroffene Person als Vollstreckerin des höheren Willens?
- Wird das eigene Handeln als höheren, relevanteren und missverstandenen Werten zugehörig interpretiert?
- Beansprucht der Betroffene seine eigene moralische Handlungslogik für sich?

Idealisiertes Selbstbild und Selbstaufopferung für die Sache – steigende Relevanz: Dieses Kriterium liegt vor, wenn eine historisch und/oder ideologisch induzierte Selbstkategorisierung als „Avantgarde", „mutige" bzw. „heroische Elite" erkennbar ist, welche die vermeintlich vergessene Pflicht erfülle, Feinde zu bekämpfen oder zu vernichten. Dies kann mit der Glorifizierung der Selbstaufopferung für die Sache einhergehen.

Leitfragen:

- Sieht sich der Betroffene als Vertreter einer „mutigen Elite", die im Gegensatz zur schweigenden Mehrheit Maßnahmen ergreifen muss?
- Lässt sich zugleich die Selbstkategorisierung als „Verteidiger" einer bedrohten Gemeinschaft und/oder von bedrohten Werten und Lebensweisen feststellen?
- Geht diese Selbstkategorisierung mit der Selbstüberhöhung im Hinblick auf die Mehrheitsgesellschaft einher?
- Wird darüber hinaus „Selbstaufopferung für die Sache" („Märtyrertum") zum Thema bzw. positiv besetzt?

Delegitimierung, Dehumanisierung und/oder Dämonisierung der „Feinde": Über die apodiktische Delegitimierung des Staates und der Mehrheitsgesellschaft hinaus werden die am vermeintlichen (Überlebens-)Kampf beteiligten negativen Bezugsgruppen abgewertet und mit depersonalisierenden sowie entmenschenden Etiketten in Bild, Wort und Schrift versehen. Zuweilen findet ihre Dämonisierung als Inkarnation des Bösen statt.

Leitfragen:

- Lehnt die betroffene Person den Staat und die Mehrheitsgesellschaft in einer Weise ab, die keinen Widerspruch duldet?
- Benutzt der Betroffene generalisierende und depersonalisierende Beschreibungen mit Blick auf die negativen Bezugsgruppen?

- Kommt die dehumanisierende und/oder eliminatorische Metaphorik in Wort und Schrift vor?
- In welchem Zusammenhang bzw. Kontext werden diese Ansichten zum Ausdruck gebracht (Wirkungsgrade)?

(Willkürlich herbeigeführte) „Missstände" und „Leid" des identitätsrelevanten Akteurs: Diese Kategorie ist als gegeben einzustufen, wenn die einzuschätzende Person die sozialen und/oder internationalen Konflikte mit einer klaren Rollenverteilung deutet, bei der die negative Bezugsgruppe als moralisch verkommen, ungerecht und korrumpiert erscheint sowie willkürlich und eigennützig handelt – unabhängig vom Verhalten der positiven Bezugsgruppe, die hierdurch ein inakzeptables Leid erfährt.

Leitfragen:

- Inszeniert der Betroffene seine identitätsrelevante Bezugsgruppe als willkürliches Ofer der „objektiven Feinde/Gegner"?
- Sieht sich er/sie auch persönlich von der Willkür aufgrund seiner/ihrer Zugehörigkeit zu einer Gruppe betroffen?
- Spricht die betroffene Person dem Gegenüber moralische Legitimität oder Normativität für sein Handeln ab?

Damit geht die Überzeugung einher, dass der identitätsrelevante Akteur von einem übermächtigen Feind angegriffen und/oder unterdrückt wird. Die Feindseligkeit wird hierbei mit unlauteren Motiven erklärt *(„Angriff" und/oder „Unterdrückung" durch einen übermächtigen Akteur).* Des Öfteren spielen in diesem Zusammenhang politische Verschwörungstheorien eine Rolle.

Leitfragen:

- Ist es typisch für den Betroffenen, die Welt als Kampfplatz zwischen den identitätsrelevanten positiven und negativen Gruppen wahrzunehmen – und zwar unabhängig von der subjektiven Motivation der Handelnden?
- Hantiert der Betroffene mit Verschwörungstheorien bzw. szenetypischen Wort- und Argumentationsstereotypen, um seine Weltanschauung gegen die mehrheitsfähige Interpretationslogik zu immunisieren?
- Wird dabei die Notwendigkeit einer „Gegengewalt" betont?

„Ungerechtigkeit" als Kernbestandteil politisierter Identität: Daraus resultiert ein Wahrnehmungsmuster, das die vermeintliche oder tatsächliche Ungerechtigkeit in den Mittelpunkt der jeweiligen problembezogenen sozial-kognitiven Informationsverarbeitung rückt. Die wahrgenommene Ungerechtigkeit als Kernbestandteil der politisierten Identität setzt jene Emotionen frei, die die Radikalisierungsprozesse befeuern. Bezogen auf sich selbst, geht die Person davon aus, dass ihr aufgrund der Gruppenzugehörigkeit und/oder ihres Mutes, Missstände anzusprechen, berechtigte Ansprüche verwehrt werden, wofür bspw. (prozedurale) Benachteiligung, Mobbing bzw. rassistische Vorurteile ursächlich seien. Infolge dessen entsteht ein Wahrnehmungsmuster des Fremdseins.

Leitfragen:

- Legt der Betroffene ein Wahrnehmungsmuster an den Tag, in dem es in der Welt zu oft ungerecht zugeht?
- Folgt daraus eine Erklärung für die eigene Situation bzw. spielt eine Sicht auf die persönlichen Missstände als Folge des eigenen Gerechtigkeitssinnes eine Rolle?
- Entspricht seine Selbstwahrnehmung jener des erleidenden Objekts im abgekarteten Spiel der übermächtigen Akteure?

Selbstaufopferung für die Sache – steigende Relevanz: Dieser Faktor ist erfüllt, wenn die einzuschätzende Person ihren „politischen Kampf" zunehmend mit besonderen Belohnungen und/oder dem Heldenstatus in Verbindung bringt und die Selbstaufopferung für die Sache als notwendig erachtet.

Leitfragen:

- Nehmen bei der betroffenen Person positive Interpretationen des aktiven „politischen Kampfes" und dessen Protagonisten zu?
- Spielen entsprechend auffällig gewordene Personen bzw. politische/ ideologische Vorbilder und ihre Elaborate in Wort und Schrift bzw. einschlägige Kampfpamphlete eine zunehmende Rolle?
- Wird dabei der „gemeine" Alltag zugunsten des „heroischen Einsatzes" vernachlässigt bzw. aufgegeben?

Die *Selbstkategorisierung als „Verteidiger"/„politischer Soldat"* einer bedrohten Gemeinschaft scheint eine wesentliche Bedingung für die Radikalisierung in die Gewalt zu sein und geht des Öfteren mit einer Diskursradikalisierung einher, bei der die militärischen Termini und Deutungen in auf den ersten Blick deplatzierten Bereiche eindringen.

Leitfrage:

- Als Quintessenz der oben beschriebenen Entwicklungen: Trifft es zu, dass die betroffene Person sich als eine Art militärischer Arm der Bewegung und „Avantgarde" der längst überfälligen Revolution sieht?

Die *Abwertung anderer Bewegungsfamilien („Abweichler", „Feiglinge", „Opportunisten")* dient der Selbstaufwertung und Vergewisserung der Richtigkeit der ausgewählten Handlungsmodi.

Leitfragen:

- Gehört der Betroffene einer Splittergruppe an, die aufgrund der szeneninternen Kritik in eine Konfliktsituation mit dem Milieu geriet?
- Äußert die Person in Wort und/oder Schrift Vorwürfe an die vermeintlich untätige Szene, die den Ernst der Stunde oder den wahren Sinn nicht verstanden habe?
- Ist infolgedessen ein Abkoppelungsprozess – moralisch und/oder als Rückzug – beobachtbar?

Dissoziale Persönlichkeit und/oder psychopathologisch bedingte Dissozialität: Das Merkmal der Dissozialität liegt in Fällen einer kognitiven bzw. weltanschauungsbedingten mangelhaften Internalisierung oder Außerkraftsetzung geltender Regeln und Normen vor. Diese Persönlichkeitsdisposition spiegelt sich in der Ablehnung des geltenden Regel- und Normensystems, auch im Privatleben, wider. Auf der Verhaltensebene findet das Konstrukt im rücksichtslosen Ausleben eigener Bedürfnisse und im Durchsetzen eigener Interessen Entsprechung (vgl. Urbaniok 2016, S. 73). Neben einer möglichen kriminellen Vorgeschichte, rücksichtslosem und grenzverletzendem Verhalten gegenüber Dritten deutet auch das Vernachlässigen des Leistungs- und Pflichtbereichs zugunsten des Freizeitbereichs auf die mangelhafte Internalisierung bzw. Außerkraftsetzung geltender Normen hin. Im Gegensatz zur allgemeinen Problematisierung psychischer Störungen spielen diese hier lediglich als Quelle der so verstandenen Dissozialität eine Rolle. Zugleich stellen psychische Störungen wie der Verfolgungswahn oder imperative Stimmen eigenständige Risikokategorien dar.

Leitfragen:

- Zeigt das Verhalten der einzuschätzenden Person, dass allgemeingültige soziale Normen und Regeln für sie *innerlich* keine oder nur geringe Bedeutung haben (Urbaniok 2016, S. 74)?
- Spiegelt sich dies in einer (straf-)rechtlichen Vorgeschichte wider?
- Zeigen sich im sozialen Bereich und/oder im Privatleben Verhaltensmuster, die auf mangelnde Akzeptanz geltender Normen und/oder instrumentalisierendes Verhalten schließen lassen?

Gewaltorientierte Persönlichkeitsdisposition liegt vor, wenn die einzuschätzende Person eine positiv bejahende Einstellung zur Gewalt besitzt und/oder sich mit einer (gegenkulturellen) Subkultur der Gewalt identifiziert. Auf der Haltungsebene äußert sich die Gewaltorientierung im Gutheißen und Als-Erstrebenswert-Erachten der jeweiligen subkulturellen Normen (vgl. FOTRES). Auf der Verhaltensebene sind die der gewaltorientierten Subkultur entsprechenden Handlungen bspw. im Freizeitbereich relevant (vgl. oben). Die kriminellen Sozialisationsgrade und Relevanzbezüge – bspw. Szenekontakte, Erscheinungsbild und Vorbilder – sind für die Bewertung des Risikos von zentraler Bedeutung.

Leitfragen:

- Liegen Hinweise für eine innerlich verankerte positive Einstellung zur Gewalt vor (bspw. Beschäftigung mit oder Idealisierung der Gewalt)?
- Spiegelt sich dies in einer damit korrespondierenden kriminellen Vorgeschichte wider?
- Hat der Betroffene Vorbilder aus der jeweiligen Subkultur der Gewalt?
- Brüstet der Betroffene sich mit milieuspezifischen Verhaltensarten bzw. Delikten Idealisiert und/oder glorifiziert der Betroffene (Urbaniok 2016, S. 400):
- bestimmte Deliktarten?
- ihm bekannte Taten Anderer?

Die *chronifizierte und/oder funktionalisierte Gewaltbereitschaft* als Risikoeigenschaft einer Person wird hier als eine hohe Ausgangsbereitschaft, Gewalt einzusetzen, operationalisiert (vgl. Urbaniok 2016). Es handelt sich hierbei um ein zweckgerichtetes, instrumentelles und positiv besetztes Verhältnis zur Gewalt. Das Konstrukt zeigt sich in der kriminellen Vorgeschichte der Person und umfasst bspw. Merkmale wie bisheriger Gewalt- und/oder Waffeneinsatz, seinen Schweregrad und insgesamt Gewalt als Handlungsstrategie. Im Fall der chronifizierten Gewaltbereitschaft geht die Gewaltanwendung nicht selten ihrer ideologischen Legitimation und Funktionalisierung voraus. Im Fall der funktionalisierten Gewaltbereitschaft spielt die jeweilige Gewaltideologie bzw. -theologie als Legitimationsspender eine herausragende Rolle.

Leitfragen:

- Erachtet der Betroffene Gewaltanwendung als eine legitime Handlungsstrategie zur Problemlösung (hier und weiter vgl. Urbaniok 2016, S. 78 ff., 84)?
- In welchen Kontexten (bspw. Familie, Peer-Group, Milieu) hat sich das Verhaltensmuster etabliert bzw. gefestigt?
- Spiegelt sich dies im früheren bzw. aktuellen Verhalten und in den Äußerungen der einzuschätzenden Person?
- War die Gewaltanwendung schon früher ein integraler Bestandteil der beurteilungsrelevanten Tatausführung?
- War der Gewalteinsatz geplant und die Gewalt entschlossen angewendet?
- Wurde bei der Tatausführung eine Waffe – geplant und entschlossen – eingesetzt?

Physische und psychische Ressourcen sind als vorhanden einzustufen, wenn die psychischen Eigenschaften – bspw. wutgeprägte Aggressivität, niedrige Empathiewerte, allgemeine Impulsivität, Risikoverhalten – und die Gewaltkompetenz der einzuschätzenden Person der problematischen weltanschaulich bedingten Handlungsweisen dienlich sein können.

Anmerkungen:

- Bei der Beurteilung dieser Risikodimension gilt es, auf Persönlichkeitsmerkmale als Risikoeigenschaften für das zu beurteilende *Zieldelikt* zu achten.
- Im Sinne der Multifinalität können diese Risikoeigenschaften die jeweiligen subkulturellen Normen verstärkend beeinflussen oder aber auch aus diesen resultieren.
- Es handelt sich dabei um prägnante Persönlichkeitsmerkmale, die sich im Verhalten zeigen und eine hohe Konstanz haben. Zur Vertiefung sei an dieser Stelle auf die Operationalisierung der genannten Risikokategorien von Urbaniok (2016) und Bock (2019) hingewiesen.

Besondere Fähigkeiten im Umgang mit und/oder zur Produktion von Waffen stellen wesentliche Risikofaktoren dar.

Anmerkungen:

- Auch wenn der Waffeneinsatz (bspw. Schlag- und Stoß- sowie Hieb- und Stichwaffen) nicht zwingend besonderer Fähigkeiten bedarf, steigt seine Wirkung bei deren Vorliegen deutlich an. Aus diesem Grund sind einschlägige Kompetenzen in Betracht zu ziehen.
- Als Hinweise können bspw. dienen:
- Besuch von relevanten Kampfsport- und Selbstverteidigungskursen,
- Mitgliedschaft in Schützenvereinen,
- Einschlägige (Militär-)Ausbildung u. a.

Dies gilt auch im Hinblick auf die *Fähigkeiten zur Beschaffung* materieller und finanzieller Ressourcen. Der Zugang zu extremistischen Unterstützernetzwerken, die legale und illegale Hilfeleistungen erbringen können, ist bei der Beurteilung dieser Risikokategorie zu beachten.

Anmerkungen:

- Auch wenn der „Abzug den Finger betätigen kann", handelt es sich in vielen Fällen um eine umgekehrte Reihenfolge, in der der Tatentschluss der Waffen- und Ressourcenbeschaffung vorausgeht.
- Daher ist bei der Beurteilung dieser Risikokategorie auf „strukturelle" Beschaffungsfähigkeiten der einzuschätzenden Person zu achten.
- Diese ergeben sich bspw. aus möglichen Kontakten:
- zu jeweiligen Szenen wie bspw. Militaria-Fans bzw. Waffensammler,
- zu Strukturen der Organisierten Kriminalität,
- zu (klein-)kriminellen Milieus.
- Nicht minder relevant ist das Know-how mit Blick auf Betrugsdelikte wie Kreditkarten- oder Versicherungsbetrug.

Bei der Analyse von Relevanzbezügen kommt es darauf an, Bezüge personeller, sachlicher und örtlicher Art auf ihren Stellenwert im Alltagsleben des Probanden zu bewerten. Diese lassen sich „vielfach bei einer genauen Betrachtung des Freizeit- und Kontaktbereichs finden", wobei vor allem die Frage zu beantworten ist, „was genau an einem Bereich den Probanden so besonders reizt und anzieht" (Bock 2019, S. 215). Die Relevanzbezüge sind bei der Planung von Interventionen von herausragender Bedeutung, „will man nicht von vornherein auf Sand bauen" (ebd., S. 154). Zugleich muss eine Risikoeinschätzung über die „Reichweite der

Geltung der (abweichenden) Wertorientierungen für den Probanden Klarheit ver-
schaffen" (ebd., S. 219). Dies hat zur Folge, dass dem Zusammenspiel zwischen
den von verschiedenen Sozialisationsinstanzen und Wertorientierungen ausgehenden (Gegen-)Reaktionen Beachtung geschenkt werden soll. Der nachfolgende
„Trichter" einer voranschreitenden ideologisierten Abkapselung beschreibt mögliche Stationen auf dem Weg in die Isolation vom sozialen bzw. subkulturellen
Umfeld als Radikalisierungsindikatoren.

(Stigmatisierende) *Konflikte mit dem sozialen Umfeld,* die aus einer weltanschaulich bedingten Wahrnehmungsdiskrepanz resultieren, wirken in der Regel
als Bestätigung der problematischen Wahrnehmungsmuster und mitunter aggres-
sionssteigernd. Daher ist bei der Beurteilung auf die Qualität und Intensität der
Konfliktlagen im familiären, schulischen bzw. beruflichen und Peer-Kontext zu
achten (bspw. Wie reagiert die betroffene Person auf bestimmte Debatten und
„Vorwürfe" aus dem sozialen Umfeld? Werden von der betroffenen Person pau-
schale Vorwürfe vorgebracht, die an sie gerichtete Kritik entspringe vordergründig
ihrem Engagement für die Bezugsgruppe bzw. ihrer Zugehörigkeit zu dieser?).

Bei einer Konflikteskalation mit dem sozialen Umfeld, die mit einer Ver-
änderung sowie Verarmung der sozialen Rollenmodelle und Umschichtung der
Relevanzbezüge einhergehen kann, wirkt die *Einschränkung der Kontakte* zu
Instanzen informeller Sozialkontrolle und/oder Intensivierung der Bindungen –
online und/oder offline – an extremistische Szenen radikalisierungsfördernd. Vor
allem gilt es hier, dem Freizeitbereich Aufmerksamkeit zu schenken.

Konflikte mit dem früheren radikalen Milieu: Das Risiko im Kontaktbereich stei-
gert sich, wenn die einzuschätzende Person obendrein eine Misstrauenshaltung
gegenüber dem radikalen Mainstream einnimmt oder in einen Konflikt mit diesem gerät, bei dem Verdächtigungen und/oder (gegenseitige) Anschuldigungen
sowie Stigmatisierungen an Relevanz gewinnen (vgl. II.6.: Abwertung anderer
Bewegungsfamilien).

Die *Isolation vom nicht militanten Mainstream* kann als Risikofaktor auf eine
steigende Relevanz der extremistischen Militanz hindeuten. Werden Abschot-
tungsbemühungen bei gleichzeitiger Intensivierung der Off- und Online-Kontakte
in die militanten Szenen sichtbar, lohnt ein genauer Blick auf die Warnverhaltensindikatoren (vgl. Tab. 5.1, Abschn. V).

Rückzug aus der Alltagsmilitanz: Dieser Faktor kann je nach Entwicklungspfad
entweder ein Deradikalisierungsindikator oder ein Prädiktor für mögliche Planun-
gen schwerer Gewaltkriminalität sein. Als Risikomerkmal kann der Rückzug aus

der Alltagsmilitanz als Bemühung interpretiert werden, „vom Bildschirm zu verschwinden", um die eigentliche „Sache" nicht zu gefährden und die Vorbereitung einer Aktion unter dem Radar voranzutreiben.

Die *Bildung einer Zelle*, „Kampfsekte" bzw. einer kriminellen oder terroristischen Vereinigung mit einer expliziten Intention, Gewalt zur Erreichung des extremistischen Ziels einzusetzen, stellt ob der internen Gruppendynamik einen wesentlichen Risikofaktor dar. In der Regel lässt sich das „klandestine" Verhalten ohne die jeweiligen nachrichtendienstlichen und polizeilichen Instrumente nicht zufriedenstellend beobachten. Dies vorausgesetzt, soll hier vor allem auf die Quantität und Qualität der Kontakte zwischen den gewaltbereiten Gleichgesinnten oder zwischen den gewaltkompetenten „Machern" und ressourcenreichen Ideologen geachtet werden.

Über das Fall-Monitoring hinaus indiziert das Vorliegen von Warnverhaltensindikatoren die Notwendigkeit, die Maßnahmen des Risikomanagements zu ergreifen. Der *Besitz von einschlägigen Symbolen sowie Devotionalien* ist ein Indikator für mögliche Selbstidentifikation mit den jeweiligen Zielen und Methoden extremistischer Formationen oder deutet zumindest auf ein Interesse an den entsprechenden Problemdefinitionen und Lösungsansätzen hin. Zu eruieren wäre in diesem Zusammenhang, ob es sich hierbei um eine Provokation durch Zurschaustellung oder eine ernstzunehmende „Interessensbekundung" handelt. Darauf ließen bspw. Verschleierungsversuche (Verstecken, Austausch in einschlägigen geheimen Foren) schließen. Der Waffenbesitz (bspw. Prepper-Szene, „Reichsbürger") ist in diesem Zusammenhang immer von herausragender Bedeutung.

Der Verdacht würde sich durch den *Konsum und/oder die Produktion gewaltlegitimierender* bzw. – als Steigerung – *eliminatorischer Propaganda* in Bild, Wort und Schrift erhärten. Konsum und/oder Produktion einschlägiger „Fachpublikationen" über extremistische Innovationen verdienen ebenfalls Aufmerksamkeit (bspw. Texte aus unterschiedlichen Phänomenbereichen, die den „führerlosen Widerstand" oder bestimmte Aktionsformen anpreisen).

Kontaktanbahnung zu Gewaltunternehmern bzw. militanten Netzwerken – online und offline: (Versuchte) Kontakte zu den mit ideologischen Ressourcen und/oder Gewaltkompetenzen ausgestatteten Akteuren steigern das Risiko – auch ob der möglichen Gruppendynamiken – deutlich.

Jegliche Versuche oder gar *Teilnahme an Waffentrainings* im In- und Ausland sind von Bedeutung und müssen registriert werden. Es muss zugleich die

Frage nach deren Motivation beantwortet werden. Das Risiko einer Ad intra-Motivlage ist im Vergleich bspw. zur Ad extra-Motivation der Akteure mit einer transnationalen Identität (Auslandskämpfer) unmittelbar und akut.

Wahrnehmbare *Aktivitäten zur Tarnung* und Verschleierung der Kommunikation (bspw. geschlossene Gruppen) oder zur Anpassung des Erscheinungsbildes sowie der Verhaltensweisen, welche womöglich im Widerspruch zur (früher geäußerten) Wertorientierung und den beobachtbaren Relevanzbezügen stehen, sind mögliche Indikatoren für eine fortgeschrittene Handlungsabsicht, welche im Kontext der Informationsvariablen und Dispositionen wie auch Fähigkeiten sorgfältig zu prüfen sind. Dies gilt auch für mögliche Räume, die als Rückzugsort der Tatvorbereitung dienen können.

Kommunikation einer Absicht oder Hinweise auf weitgehende Handlungsvorbereitungen: Die Information des sozialen Umfeldes über eine Gewaltabsicht muss ernstgenommen werden, aber auch immer im Zusammenhang mit Dispositionen und Fähigkeiten untersucht werden.

Tat- und opferbezogene Rekognoszierungsaktivitäten: Wahrnehmbare Bemühungen, das/die jeweilige(n) Opfer und Anschlagziele auszukundschaften oder Daten zu sammeln, sind im Sinne der Fixierung ernst zu nehmen. Dies gilt auch für Kontakte zu szenebekannten „Spähern".

Aktive Rekrutierungsversuche: Der Versuch, Gleichgesinnte für die Sache zu gewinnen, deutet auf den gefassten Tatentschluss hin. Im Fall einer Zurückweisung kann überdies ein Radikalisierungsschub die Folge sein, weshalb jene „Schwätzer", die dieses Verhalten an den Tag legen und sich anschließend aus ihrem militanten Umfeld zurückziehen, ernst zu nehmen sind.

Tatrelevante Beschaffungskriminalität: Die tatrelevante Beschaffungskriminalität ist ein wichtiger Schritt zur Umsetzung der entsprechend intendierten Tathandlungen. Die hier dargestellte Verkettung ist „idealtypisch" zu verstehen. Denn schwer vorhersehbare Übersprünge sind auch möglich (bspw. Tatentschluss infolge eines unverhofften Zuganges zu Kampfmitteln). Auch diese sollten bei der Fallformulierung in Form einer plausiblen Wenn-dann-Hypothese reflektiert werden.

Mobilisierung der politisierten Identität durch relevante Konflikte bzw. beteiligte Akteure: Es ist notwendig, auf (auch mediale) Zuspitzungen sozialer Konflikte – unter besonderer Berücksichtigung der Selbstidentifikation mit einem Akteur und der akzeptierten Mittel der Zielerreichung – zu achten. Die Neigung zur extremistischen Gewaltanwendung ergibt sich eher aus der Identifikation mit einer gewaltaffinen extremistischen Gruppe und ihrer Problemdefinition, aus der daraus resultierenden normativen Rechtfertigung der Gewaltanwendung und dem davon abgeleiteten Bedürfnis, Widerstand zu leisten. Die Qualität sozial-politischer Konflikte kann bereits Aufschluss über die Motivation und Richtung von Gewaltanwendung geben.

Es liegt bspw. nahe, dass für unterschiedliche Idealtypen der islamistischen Militanz – sozialrevolutionäre, irredentistische, panislamistische, vigilantistische und sektiererische Gewaltgruppen – verschiedene Motivlagen wirksam sind. Unterdrückung, Korruption und andere Missstände in einem Staat werden stär-ker mit der sozialrevolutionären als mit der panislamistischen Gewalt korrelieren. Der Irredentismus kommt ohne eine gewalttätige Auseinandersetzung zwischen Muslimen und Nichtmuslimen nicht zustande. In der Regel ziehen die schwar-zen Löcher der Ordnungslosigkeit im zweiten Schritt auch panislamistische Akteure an. In den Gebieten, wo Schiiten und Sunniten in Konflikt miteinan-der geraten, werden diese Dimensionen obendrein vom religiösen Sektierertum überlagert (vgl. Hegghammer 2010, S. 230 f.). Diese Formen haben unterschied-liche Auswirkungen unter anderem auf die europäischen Extremisten und ihre Aktivitäten.

Im Hinblick auf die innenpolitischen mobilisierenden Ereignisse spielen Kon-fliktlagen wie die „Flüchtlingskrise" und eskalative Dynamiken zwischen den Milieus (Co-Radikalisierung) eine wichtige Rolle. Des Weiteren kommt den kon-frontativen Intergruppenkonflikten – Antifa/Anti-Antifa, Antisa/Anti-Antisa (vgl. HoGeSa) – eine große Bedeutung zu.

Biographische Zuspitzungen und belastende Übergangsphasen (umweltbezogene Risikofaktoren): Neben den oben beschriebenen sozial-politischen notwendigen Bedingungen dürfen die biographischen Zuspitzungen und Krisen sowie belasten-den Übergangsphasen nicht unbeachtet bleiben – und zwar in zweierlei Hinsicht: als mögliche Destabilisatoren (Störung sozialer Anpassung) und/oder Enthem-mer (Senkung der hemmenden Wirkung antizipierter Kontrollen). Je nach Qualität können sie zu einer Interpretation der persönlichen misslichen Lage in Überein-stimmung mit ideologischen Problemdefinitionen oder zu einer Annäherung an delinquente Gruppen führen. Je nach Alter sind folgende belastende Ereignisse und Transitions-Phasen relevant:

- schwere Auseinandersetzungen/Spannungen mit relevanten Sozialisationsin-stanzen (bspw. Familie, Schule/Arbeitsplatz, Peer-Gruppen/Freunde);
- Verlust der gewohnten Umgebung und des sozialen Umfeldes (bspw. Abbruch einer wichtigen Freundschaft, Umzug, Schulwechsel, neue Arbeitsstätte);

- schlechte und instabile materielle Verhältnisse/Schulden;
- Tod eines Familienangehörigen oder einer wichtigen Bezugsperson;
- Scheidung oder Trennung der Eltern;
- Ärger mit Polizei oder Behörden.

Je weniger Bindungen zu nicht delinquenten Sozialisationsinstanzen bestehen, desto größer ist die Gefahr abweichenden Verhaltens bzw. eines Abgleitens in die radikalen Milieus.

Voraussetzungen für die Fallformulierung und Einschätzung

Eine der wichtigsten Voraussetzungen für den Einsatz des vorliegenden Leitfadens stellt die ausreichende Informationsdichte dar. Es bietet sich daher eine aus Aktenanalysen, Interviews und Drittbefragungen bestehende „Methodentriangulation" an. Ziel soll es sein, plausible, nachvollziehbare und fundierte Entwicklungsstränge zu identifizieren und jeweils einen optimistischen, moderaten sowie pessimistischen Szenarienverlauf unter besonderer Berücksichtigung der Interventionsmaßnahmen im Sinne des RNR-Ansatzes zu formulieren. Als Blaupause zur Beurteilung der ins Auge gefassten Interventionen bzw. Ursachen kann das so genannte probabilistische Modell von Humphrey verwendet werden: „Y in S zum Zeitpunkt t trat auf aufgrund von Phi trotz Psi". „Dabei ist Phi die (nicht-leere) Menge der Ursachen, die Y begünstigen, und Psi die (eventuell leere) Menge der Ursachen, die den Ursachen für Y entgegenwirken" (Bördlein 2013, S. 43). Als Beispiel: Das Verhalten eines Betroffenen bessert sich im Hinblick auf seine Devianz bzw. Delinquenz (Y) bei der Intervention (S/t) aufgrund der eingesetzten fundierten Methoden und Techniken (Phi) trotz der (noch) vorliegenden kognitiven Radikalität (Psi).

Der jeweilige Prozess der fallbezogenen Diagnostik kann sich an die Teilaufgaben des strukturierten professionellen Urteilens orientieren:

- Bestimme das Problem und dessen Risikofaktoren,
- Stelle die Fallinformationen zusammen,
- Identifiziere die Risikofaktoren am Einzelfall und bestimme deren Relevanz,
- Formuliere eine Hypothese,
- Entwickele plausible Szenarien (bspw. optimistisches und Worst-Case-Szenario, Twist-Szenario sowie Szenario mit Interventionsmaßnahmen),
- Plane und evaluiere jeweilige Maßnahmen.

© Der/die Autor(en), exklusiv lizenziert durch Springer Fachmedien Wiesbaden GmbH, ein Teil von Springer Nature 2021
M. Logvinov, *Risk Assessment im Extremismuskontext*, essentials, https://doi.org/10.1007/978-3-658-33173-3_6

Es gilt zugleich, einige Prinzipien und Regeln der Prognostik zu beachten (ebd., S. 34 f.; vgl. Tetlock und Gardner 2015, S. 277 ff.):

• Das Prinzip des Fallibilismus besagt: Es kann sich jederzeit als falsch erweisen, was wir als wahr akzeptieren. „Wir können aber danach streben, uns möglich nicht zu täuschen, also die Wahrscheinlichkeit, dass wir uns täuschen, herabsetzen" (Bördlein 2013, S. 34).
• Bei einer Risikoanalyse sind „Füchse" und keine „Igel" gefragt (vgl. Tetlock und Gardner 2015, S. 279 ff.; Bördlein 2013, S. 34). Denn:
• „Füchse" achten auf eine richtige Balance zwischen der Über- und „Unterreaktion" auf die empirischen Evidenzen.
• „Füchse" achten auf die wirksamen antagonistischen kausalen Kräfte in jeder Problemlage.
• „Füchse" vermeiden Bestätigungstendenzen und suchen nicht nur nach Belegen, die ihrer Überzeugung entsprechen. Im Klartext: Sie meiden einseitige Suche nach Belegen und beachten entkräftende Hinweise sowie schließen einseitige Interpretationen der Belege im Sinne der Anfangshypothese aus (alternative Hypothesen beachten).

Beim Vorliegen der Warnverhaltensindikatoren sind konsequenterweise die Maßnahmen des Risikomanagements unter besonderer Berücksichtigung der Dispositionen und Fähigkeiten von Betroffenen angezeigt. Die Identifikation herausragender Risikofaktoren und ihrer Relevanz im Zusammenhang mit Kontaktbereichen sowie delinquenzfördernden Wertorientierungen und Wahrnehmungsmustern ermöglicht überdies eine prognostische Fallbeobachtung. Des Weiteren ist eine hypothesenbasierte und kriminologisch fundierte Identifikation von Kombinationen relevanter Risikofaktoren von Bedeutung, um die Fallbeobachtung zu professionalisieren und Interventionsmaßnahmen planen zu können.

Was sie aus diesem *essential* mitnehmen können

- Eine der Aufgaben des Risikomanagements besteht darin, extremistische und terroristische Gefährder in Gestalt von Personen und Gruppen frühzeitig zu erkennen und Maßnahmen zur Deradikalisierung und Präemption im rechtsstaatlichen Rahmen und unter Nutzung aller gesellschaftlichen Möglichkeiten zur Wirkung zu bringen.

- Risiko*einschätzung* als Bestandteil einer Risikoanalyse meint eine auf einen zu definierenden Zeitraum beschränkte prognostische Aussage über die Eintrittswahrscheinlichkeit eines bestimmten negativen bzw. schädigenden Effekts. Bei der Risiko*bewertung* werden plausible Prädiktoren aus der Risikoanalyse im Zusammenhang mit der Kontrolle bzw. Minderung von Risiken analysiert. Risikobeurteilung setzt sich somit aus einer Risikoanalyse und Risikokontrolle bzw. -minderung zusammen und besteht aus einer quantitativen (Wahrscheinlichkeit) und qualitativen (Art des Gewaltverhaltens) Größe.

- Der Terminus „Risiko" kennzeichnet die Wahrscheinlichkeit eines negativen Outputs bestimmter Intensität. Ein Risikofaktor identifiziert einen schädigenden Einfluss bzw. eine Eigenschaft, die die Wahrscheinlichkeit eines negativen Ereignisses erhöht. Die Transmissionswirkung der Risikofaktoren im psychosozialen Bereich stellt dabei einen komplexen Prozess dar.

- Die dispositionalen bzw. rein individuumsbezogenen, statischen und dichotomen Ansätze zur Kriminalprognose sind einem erweiterten Risikokonzept gewichen. Dessen Merkmale sind: kontextabhängig und dynamisch.

- Die forensische Prognoseforschung unterscheidet trotz möglicher Überschneidungen drei idealtypische – intuitive, nomothetische und idiographische – Bewertungsmethoden. In der Extremismus- und Terrorismusforschung werden

M. Logvinov, *Risk Assessment im Extremismuskontext*, essentials, https://doi.org/10.1007/978-3-658-33173-3

die jeweiligen Ansätze zur Risikobewertung in einem Kontinuum zwischen den Polen „strukturiert – unstrukturiert" platziert. Die Unterscheidung zwischen den nomothetischen und idiografischen Prognoseansätzen erfolgt hauptsächlich unter Berücksichtigung der *formalen* Gesichtspunkte wie des Grades der Item-Operationalisierung, der Auswertungsart und des (Nicht-)Vorhandenseins von Regeln und Normen. Unter *inhaltlichen* Gesichtspunkten werden darüber hinaus Kriterien wie die theoretische Verankerung der Verfahren, die Art der Items (statisch/dynamisch – Risiko-/Schutzfaktoren) und die Zielgruppen benannt.

- Eine der wichtigsten Voraussetzungen für den Einsatz des vorgestellten Leitfadens stellt die ausreichende Informationsdichte dar. Es bietet sich daher eine aus Aktenanalysen, Interviews und Drittbefragungen bestehende „Methodentriangulation" an. Ziel soll es sein, plausible, nachvollziehbare und fundierte Entwicklungsstränge zu identifizieren und jeweils einen optimistischen, moderaten sowie pessimistischen Szenarienverlauf unter besonderer Berücksichtigung der Interventionsmaßnahmen im Sinne des RNR-Ansatzes zu formulieren.

Literatur

Akers, Ronald L.; Sellers, Christine Sharon (2004): Criminological theories. Introduction, evaluation, and application. Los Angeles: Roxbury Publ.

Alimi, Eitan Y. et al. (2015): The Dynamics of Radicalization: A Relational and Comparative Perspective, New York 2015.

Altemeyer, Bob; Hunsberger, Bruce (2004): Research: A Revised Religious Fundamentalism Scale: The Short and Sweet of It. In: International Journal for the Psychology of Religion 14 (1), S. 47–54. DOI: https://doi.org/10.1207/s15327582ijpr1401_4.

Backes, Uwe (1989): Politischer Extremismus in demokratischen Verfassungsstaaten. Elemente einer normativen Rahmentheorie, Opladen.

Backes, Uwe (2018): Extremistische Ideologien. In: Eckhard Jesse/Tom Mannewitz: Extremismusforschung. Handbuch für Wissenschaft und Praxis, Baden-Baden, S. 99–160.

Backes, Uwe et al. (2014): Rechts motivierte Mehrfach- und Intensivtäter in Sachsen, Göttingen.

Bakker, Edwin/Jeanine de Roy van Zuijdewijn (2018), Returning foreign fighters are future terrorists. In: Richard Jackson/Daniela Pisoiu (Hg.), Contemporary Debates on Terrorism, New York, S. 131–137.

Bakker, Edwin/Mark Singelton (2016): Foreign Fighters in the Syria and Iraq Conflict. In: Andrea de Guttry et al. (Hg.): Fereign Fighters under International Law and Beyond, Hague, S. 9–26.

Barrett, Richard (2017): Beyond the Caliphate: Foreign Fighters and the Treat of Returnees, New York

Bartlett, Jamie; Miller, Carl (2012): The Edge of Violence: Towards Telling the Difference Between Violent and Non-Violent Radicalization. In: Terrorism and Political Violence 24 (1), S. 1–21. DOI: https://doi.org/10.1080/09546553.2011.594923.

Beardsley, Nicola L.; Beech, Anthony R. (2013): Applying the violent extremist risk assessment (VERA) to a sample of terrorist case studies. In: Journal of Aggression, Conflict and Peace Research 5 (1), S. 4–15. DOI: https://doi.org/10.1108/17596591311290713.

Bender, Doris et al. (2018): Protektive Faktoren gegen Entwicklung von Extremismus und Radikalisierung – Eine systematische Auswertung internationaler Studien. In: Klaus Boers/Marcus Schaerff (Hg.): Kriminologische Welt in Bewegung, Godesberg, S. 204–217.

Benotman, Noman/Nikita Malik (2016): The Children of the Islamic State, London.

© Der/die Herausgeber bzw. der/die Autor(en), exklusiv lizenziert durch Springer Fachmedien Wiesbaden GmbH, ein Teil von Springer Nature 2021
M. Logvinov, *Risk Assessment im Extremismuskontext,* essentials,
https://doi.org/10.1007/978-3-658-33173-3

BKA (2017) Presseinformation: Neues Instrument zur Risikobewertung von potentiellen Gewaltstraftätern, URL: https://www.bka.de/DE/Presse/Listenseite_Pressemitteilungen/2017/Presse2017/170202_Radar.html

BKA/BfV (Hrsg.), Analyse der Radikalisierungshintergründe und -verläufe der Personen, die aus islamistischer Motivation aus Deutschland in Richtung Syrien ausgereist sind, Berlin 2016.

Bliesener, Thomas et al. (Hg.) (2014): Lehrbuch der Rechtspsychologie. Bern: Verlag Hans Huber.

Bobbio, Norberto (2006): Rechts und Links. Gründe und Bedeutungen einer politischen Unterscheidung. Berlin: Wagenbach.

Bock, Michael (2017): Kriminologie. München: Franz Vahlen (Vahlen Jura Lehrbuch).

Boetticher, Axel et al. (2007): Mindestanforderungen für Prognoseverfahren. In: Forensische Psychiatrie, Psychologie, Kriminologie, 1 (2), S. 90–100.

Borchard, Bernd et al. (2018): Extremistische Gewalt: zur Beurteilung der Ausführungsgefahr. In: Schmidt-Quernheim, Friedhelm/Hax-Schoppenhorst, Thomas (Hg.): Praxisbuch Forensische Psychiatrie: Behandlung und ambulante Nachsorge im Maßregelvollzug, Bern: Hogrefe, S. 461–471.

Borum, Randy (2015): Assessing risk for terrorism involvement. In: Journal of Threat Assessment and Management 2 (2), S. 63–87. DOI: https://doi.org/10.1037/tam0000043.

Bosi, Lorenzo et al. (2014): Dynamics of Political Violence. A Process-Oriented Perspective on Radicalization and the Escalation of Political Conflict, New York.

Böckler, Nils et al. (2017): Früherkennung von islamistisch motivierter Radikalisierung. In: Kriminalistik, 8–9, S. 497–503.

Byman, Daniel (2015): The homecomings: What happens when Arab foreign fighters in Iraq and Syria return? In: Studies in Conflict & Terrorism (38) 8, S. 581–602.

Byman, Daniel (2016): The Jihadist returnee threat: Just how dangerous? In: Political Science Quarterly, 131, S. 69–99.

Byman, Daniel/Jeremy Shapiro (2014): Be Afraid. Be A Little Afraid: The Threat of Terrorism from Western Foreign Fighters in Syria and Iraq, Washington.

Ceylan, Rauf/Kiefer, Michael (2018): Radikalisierungsprävention in der Praxis, Wiesbaden.

Cook, Alana N. (2014): Risk Assessment and Management of Group-Based Violence. Burnaby. URL: summit.sfu.ca/system/files/iritems1/14289/etd8437_ACook.pdf.

Coolsaet, Rik/Thomas Renard (Hg.) (2018), Returnees: who are they, why are they (not) coming back and how should we deal with them? Assessing policies on returning foreign terrorist fighters in Belgium, Germany and the Netherlands, Brussels.

Cragin, R. Kim (2014): Resisting Violent Extremism: A Conceptual Model for Non-Radicalization. In: Terrorism and Political Violence 26 (2), S. 337–353. DOI: https://doi.org/10.1080/09546553.2012.714820.

Cragin, R. Kim et al. (2015): What Factors Cause Youth to Reject Violent Extremism? URL: https://www.rand.org/pubs/research_reports/RR1118.html

Crenshaw, Martha (2011): Explaining Terrorism, New York.

Dahle, Klaus-Peter; Lehmann, Robert J. B. (2013): Klinisch-idiographische Kriminalprognose. In: Martin Rettenberger und Fritjof von Franqué (Hg.): Handbuch kriminalprognostischer Verfahren. Göttingen, Bern, Wien: Hogrefe, S. 347–356.

Dahle, Klaus-Peter; Schneider, Vera; Ziethen, Franziska (2007): Standardisierte Instrumente zur Kriminalprognose. In: Forensische Psychiatrie, Psychologie, Kriminologie 1 (1), S. 15–26. DOI: https://doi.org/10.1007/s11757-006-0004-6.

Dahle, Klaus-Peter; Schneider-Njepel, Vera (2013): Rückfall- und Gefährlichkeitsprognose bei Rechtsbrechern. In: Thomas Bliesener, Friedrich Lösel und Günter Köhnken (Hg.): Lehrbuch der Rechtspsychologie. Bern: Verlag Hans Huber, S. 422–445.

Davis, Paul et al. (2012): Understanding and influencing public support for insurgency and terrorism. Santa Monica.

Davis, Paul et al. (2015a): Causal Models and Exploratory Analysis in Heterogeneous Information Fusion for Detecting Potential Terrorists: RAND Corporation, Santa Monica.

Davis, Paul et al. (2015b): Using causal models in heterogeneous information fusion to detect terrorists: RAND Corporation. Santa Monica.

Davis, Paul K.; Cragin, Kim (2009): Social science for counterterrorism. Putting the pieces together. Santa Monica.

de Roy van Zuijdewijn, Jeanine (2014): Foreign fighters' threat: What history can (not) tell us, in: Perspectives on Terrorism (8) 5, S. 59–73.

Dean, Geoff (2014): Neurocognitive risk assessment for the early detection of violent extremists. Wiesbaden: Springer.

Dean, Geoff; Pettet, Graeme (2017): The 3 R's of risk assessment for violent extremism. In: The Journal of Forensic Practice 19 (2), S. 91–101. DOI: https://doi.org/10.1108/JFP-07-2016-0029.

Decety, Jean; Pape, Robert; Workman, Clifford I. (2018): A multilevel social neuroscience perspective on radicalization and terrorism. In: Social neuroscience 13 (5), S. 511–529. DOI: https://doi.org/10.1080/17470919.2017.1400462.

Della Porta, Donatella (2013): Clandestine Political Violence. New York: Cambridge University Press.

Deutscher Bundestag (2017): Instrument des Bundeskriminalamtes zur Risikobewertung potentieller islamistischer Gewalttäter, Drucksage 18/13422.

Dodwell, Brian et al. (2016): The Caliphate's Global Workforce: An Inside Look at the Islamic State's Foreign Fighter Paper Trail, West Point.

Douglas, Kevin S.; Kropp, P. Randall (2002): A Prevention-Based Paradigm for Violence Risk Assessment. In: Criminal Justice and Behavior 29 (5), S. 617–658. DOI: https://doi.org/10.1177/009385402236735.

Eckert, Roland (2012): Die Dynamik der Radikalisierung. Über Konfliktregulierung, Demokratie und die Logik der Gewalt. Weinheim, Basel: Beltz Juventa.

Egan, Vincent et al. (2016): Can you identify violent extremists using a screening checklist and open-source intelligence alone? In: Journal of Threat Assessment and Management 3 (1), S. 21–36. DOI: https://doi.org/10.1037/tam0000058.

Eidelson, Roy J.; Eidelson, Judy I. (2003): Dangerous ideas: Five beliefs that propel groups toward conflict. In: American Psychologist 58 (3), S. 182–192. DOI: https://doi.org/10.1037/0003-066X.58.3.182.

Franqué, Fritjof von (2013a): Strukturierte, professionelle Risikobeurteilung. In: Martin Rettenberger und Fritjof von Franqué (Hg.): Handbuch kriminalprognostischer Verfahren. Göttingen, Bern, Wien: Hogrefe, S. 357–380.

Franqué, Fritjof von (2013b): HCR-20 – The Historical-Clinical-Risk Management-20 Violence Risk Assessment Scheme. In: Martin Rettenberger und Fritjof von Franqué

(Hg.): Handbuch kriminalprognostischer Verfahren. Göttingen, Bern, Wien: Hogrefe, S. 256–272.

Freilich, Joshua D.; LaFree, Gary (2015): Criminology Theory and Terrorism: Introduction to the Special Issue. In: Terrorism and Political Violence 27 (1), S. 1–8. DOI: https://doi.org/10.1080/09546553.2014.959405.

Grabska, Klaus (2017): Hass- und Gewaltfantasien in Zeiten negativer Modernisierung. In: Forum der Psychoanalyse 33 (2), S. 171–184. DOI: https://doi.org/10.1007/s00451-017-0272-0.

Gretenkord, Lutz (2013): Warum Prognoseinstrumente? In: Martin Rettenberger und Fritjof von Franqué (Hg.): Handbuch kriminalprognostischer Verfahren. Göttingen, Bern, Wien: Hogrefe, S. 19–38.

Habermeyer, Elmar; Gairing, S.; Lau, S. (2010): Begutachtung der Kriminalprognose. In: Forensische Psychiatrie, Psychologie, Kriminologie 4 (4), S. 258–263. DOI: https://doi.org/10.1007/s11757-010-0080-5.

Hart, Stephen D. et al. (2017): A Concurrent Evaluation of Threat Assessment Tools for the Individual Assessment of Terrorism. Waterloo.

Hegghammer, Thomas (2010): Jihad in Saudi Arabia. Violence and Pan-Islamism since 1979, Cambridge.

Hegghammer, Thomas (2013): Should I stay or should I go? Explaining variation in Western Jihadists' choice between domestic and foreign fighting. In: American Political Science Review 107, S. 1–15.

Hegghammer, Thomas (2016): The Future of Jihadism in Europe: A Pessimistic View, in: Perspectives on Terrorism (10) 6, S. 156–170.

Hegghammer, Thomas/Petter Nesser (2015): Assessing the Islamic State's Commitment to Attacking the West, in: Perspectives on Terrorism (9) 4, S. 14–40.

Heil, Georg (2017): The Berlin Attack and the "Abu Walaa" Islamic State Recruitment Network, in: CTC Sentinel (10) 2, S. 1–11.

Helmus, Todd C. (2009): Why and How Some People Become Terrorists. In: Paul K. Davis/Kim Cragin: Social Science for Counterterrorism: Putting the Pieces Together, Santa Monica, S. 71–112.

Hennig, Eike. 1983. „Wert habe ich nur als Kämpfer": Rechtsextremistische Militanz und neonazistischer Terror. Friedensanalysen 17: 89–122.

Herzog-Evans, Martine (2018): A comparison of two structured professional judgment tools for violent extremism and their relevance in the French context. In: European Journal of Probation 10 (1), S. 3–27. DOI: https://doi.org/10.1177/2066220317749140.

Ho, Aaron; Lesneskie, Eric; Hsu, Ko-Hsin (2018): What We Don't Know May Hurt Us: An Examination of Systematic Bias in Offender Risk Assessments. In: Deviant Behavior 39 (12), S. 1566–1577. DOI: https://doi.org/10.1080/01639625.2017.1410620.

Hurducas, Claudia C. et al. (2014): Violence Risk Assessment Tools: A Systematic Review of Surveys. In: International Journal of Forensic Mental Health 13 (3), S. 181–192. DOI: https://doi.org/10.1080/14999013.2014.942923.

Imrey, Peter B.; Dawid, A. Philip (2015): A Commentary on Statistical Assessment of Violence Recidivism Risk. In: Statistics and Public Policy 2 (1), S. 1–18. DOI: https://doi.org/10.1080/2330443X.2015.1029338.

Ionescu, Andreea et al. (2017): R2PRIS. Methodological Framework: State of the Art Analysis and Collection of Approaches, Timisoara.

Iyengar, Shanto; Westwood, Sean J. (2015): Fear and Loathing across Party Lines: New Evidence on Group Polarization. In: American Journal of Political Science 59 (3), S. 690–707. DOI: https://doi.org/10.1111/ajps.12152.

Jensen, Michael A. et al. (2018): Radicalization to Violence: A Pathway Approach to Studying Extremism. In: Terrorism and Political Violence, S. 1–24. DOI: https://doi.org/10.1080/09546553.2018.1442330.

Jensen, Michael et al. (2016): Final Report: Empirical Assessment of Domestic Radicalization. Annapolis.

Jensen, Richard Bach/Felix Lippe (2018), Terrorist returning home were not radicalised abroad. In: Richard Jackson/Daliela Pisoiu (Hg.), Contemporary Debates on Terrorism, New York, S. 138–145.

Joscelyn, Thomas (2017): Zawahiri's deputy sought to 'unify' Syrian rebels. URL: https://www.longwarjournal.org/archives/2017/03/zawahiris-deputy-sought-to-unify-syrian-rebels.php

Jost, Klaus (2012): Gefährliche Gewalttäter? Grundlagen und Praxis der Kriminalprognose. 1. Aufl. Stuttgart: Kohlhammer.

Kailitz, Steffen (2004): Politischer Extremismus in der Bundesrepublik Deutschland. Eine Einführung. Wiesbaden: VS Verlag für Sozialwissenschaften.

Kapfhammer, Hans-Peter (2008): Pathogene Religiosität – Anmerkungen zur Psychopathologie religiös motivierter Gewalt. In: Psychopraxis 11 (4), S. 28–36. DOI: https://doi.org/10.1007/s00739-008-0059-6.

Khader, Majeed et al. (Hg) (2016): Combating Violent Extremism and Radicalization in the Digital Era. Hershey.

Khosrokhavar, Farhad (2016): Radikalisierung. Hamburg: CEP Europäische Verlagsanstalt.

King, Sonja et al. (2018): Instrumente zur Risikobeurteilung extremistisch motivierter Straftäter: Eine Synopse. In: Klaus Boers/Marcus Schaerff (Hg.): Kriminologische Welt in Bewegung, Godesberg, S. 191–203.

Kippenberg, Hans Gerhard (2008): Gewalt als Gottesdienst. Religionskriege im Zeitalter der Globalisierung. München: Beck.

Knudsen, Rita Augestad (2018): Measuring radicalisation: risk assessment conceptualisations and practice in England and Wales. In: Behavioral Sciences of Terrorism and Political Aggression 10 (6), S. 1–18. DOI: https://doi.org/10.1080/19434472.2018.1509105.

Köhler, Daniel (2017): Understanding deradicalization. Methods, tools and programs for countering violent extremism. London, New York: Routledge Taylor.

König, Andrej (2010): Der Nutzen standardisierter Risikoprognoseinstrumente für Einzelfallentscheidungen in der forensischen Praxis. In: Recht & Psychiatrie 28 (2), S. 67–73.

Kraemer, H. C. et al. (2001): How do risk factors work together? Mediators, moderators, and independent, overlapping, and proxy risk factors. In: The American journal of psychiatry 158 (6), S. 848–856. DOI: https://doi.org/10.1176/appi.ajp.158.6.848.

Kraemer, Helena Chmura et al. (1997): Coming to Terms With the Terms of Risk. In: Archives of General Psychiatry 54 (4), S. 337–343. DOI: https://doi.org/10.1001/archpsyc.1997.01830160065009.

Krakowski, Menachem; Volavka, Jan; Brizer, David (1986): Psychopathology and violence: A review of literature. In: Comprehensive Psychiatry 27 (2), S. 131–148. DOI: https://doi.org/10.1016/0010-440X(86)90022-2.

Kröber, Hans-Ludwig; Steller, Max (Hg.) (2005): Psychologische Begutachtung im Strafverfahren. Darmstadt: Steinkopff-Verlag.

Krüger, Christine (2008): Zusammenhänge und Wechselwirkungen zwischen allgemeiner Gewaltbereitschaft und rechtsextremen Einstellungen. Eine kriminologische Studie zum Phänomen jugendlicher rechter Gewaltstraftäter. Mönchengladbach: Forum Verl. Godesberg.

Krumwiede, Heinrich-W. (2005): Ursachen des Terrorismus, in: Peter Waldmann (Hrsg.): Determinanten des Terrorismus, Weilerswist, S. 29–84.

LaFree, Gary; Freilich, Joshua D. (Hg.) (2017): The handbook of the criminology of terrorism. Chichester, West Sussex: Wiley-Blackwell.

Lakhani, Suraj (2018): Extreme Criminals: Reconstructing Ideas of Criminality through Extremist Narratives. In: Studies in Conflict & Terrorism, S. 1–16. DOI: https://doi.org/10.1080/1057610X.2018.1450613.

Leduc, Raphael (2016): Are returning foreign fighters dangerous? Re-investigating Hegghammer's assessment of the impact of veteran foreign fighters on the operational effectiveness of domestic terrorism in the West, in: Journal of Military and Strategic Studies (17) 1, S. 83–103.

Leygraf, Norbert (2014): Zur Phänomenologie islamistisch-terroristischer Straftäter. In: Forensische Psychiatrie, Psychologie, Kriminologie 8 (4), S. 237–245. DOI: https://doi.org/10.1007/s11757-014-0291-2.

Liht, Jose et al. (2011): Religious Fundamentalism: An Empirically Derived Construct and Measurement Scale. In: Archive for the Psychology of Religion 33 (3), S. 299–323. DOI: https://doi.org/10.1163/157361211X594159.

Lindekilde, Lasse; Bertelsen, Preben; Stohl, Michael (2016): Who Goes, Why, and With What Effects: The Problem of Foreign Fighters from Europe. In: Small Wars & Insurgencies 27 (5), S. 858–877. DOI: https://doi.org/10.1080/09592318.2016.1208285.

Lloyd, Monica; Dean, Christopher (2015): The development of structured guidelines for assessing risk in extremist offenders. In: Journal of Threat Assessment and Management 2 (1), S. 40–52. DOI: https://doi.org/10.1037/tam0000035.

Logvinov, Michail (2013): Terrorismusrelevante Indikatoren und Gefahrenfaktoren im Rechtsextremismus. In: Totalitarismus und Demokratie, (10) 2, S. 265–300.

Logvinov, Michail (2017): Salafismus, Radikalisierung und terroristische Gewalt. Erklärungsansätze – Befunde – Kritik. Wiesbaden: Springer VS.

Logvinov, Michail (2018): Das Radikalisierungsparadigma. Eine analytische Sackgasse der Terrorismusbekämpfung? Wiesbaden.

Lohlker, Rüdiger: Theologie der Gewalt. Das Beispiel IS (UTB, 4648).

Major, John A. (2002): Advanced Techniques for Modeling Terrorism Risk. In: The Journal of Risk Finance 4 (1), S. 15–24. DOI: https://doi.org/10.1108/eb022950.

Malet, David (2013): Foreign fighters. Transnational identity in civil conflicts. Oxford: Oxford university press.

Malet, David/Rachel Hayes (2018): Foreign Fighter Returnees: An Indefinite threat? In: Terrorism and Political Violence, DOI: https://doi.org/10.1080/09546553.2018.1497987, S. 6 f.

Malthaner, Stefan (2005): Terroristische Bewegungen und ihre Bezugsgruppen. Anvisierte Sympathisanten und tatsächliche Unterstützer, in: Peter Waldmann (Hg.): Determinanten des Terrorismus, Weilerswist 2005, S. 85–138.

Masys, Anthony J. (Hg.) (Hg.) (2016): Disaster Forensics. Understanding Root Cause and Complex Causality. Wiesbaden: Springer VS.

McCallum, Katherine E.; Boccaccini, Marcus T.; Bryson, Claire N. (2017): The Influence of Risk Assessment Instrument Scores on Evaluators' Risk Opinions and Sexual Offender Containment Recommendations. In: Criminal Justice and Behavior 44 (9), S. 1213–1235. DOI: https://doi.org/10.1177/0093854817707232.

McCord, Joan (2003): Cures That Harm: Unanticipated Outcomes of Crime Prevention Programs. In: Annals of the American Academy of Political and Social Science, 587, S. 16–30.

McGilloway, Angela; Ghosh, Priyo; Bhui, Kamaldeep (2015): A systematic review of pathways to and processes associated with radicalization and extremism amongst Muslims in Western societies. In: International review of psychiatry 27 (1), S. 39–50. DOI: https://doi.org/10.3109/09540261.2014.992008.

Meloy, J. Reid et al. (2012): The role of warning behaviors in threat assessment: an exploration and suggested typology. In: Behavioral sciences & the law 30 (3), S. 256–279. DOI: https://doi.org/10.1002/bsl.999.

Meloy, J. Reid et al. (2015): Investigating the individual terrorist in Europe. In: Journal of Threat Assessment and Management 2 (3–4), S. 140–152. DOI: https://doi.org/10.1037/tam0000036.

Meloy, J. Reid; Gill, Paul (2016): The lone-actor terrorist and the TRAP-18. In: Journal of Threat Assessment and Management 3 (1), S. 37–52. DOI: https://doi.org/10.1037/tam0000061.

Mingyi, Eunice Tan et al. (Hg.) (2016): Combating violent extremism and radicalization in the digital era. IGI Global. Hershey, Pennsylvania.

Moghaddam, Fathali M. (2018): Mutual Radicalization. How Groups and Nations Drive Each Other to Extremes. Washington, D. C.

Möller, Kurt; Schuhmacher, Nils (2007): Rechte Glatzen. Rechtsextreme Orientierungs- und Szenezusammenhänge ; Einstiegs-, Verbleibs- und Ausstiegsprozesse von Skinheads. 1. Aufl. Wiesbaden: VS Verlag.

Monaghan, Jeffrey; Molnar, Adam (2016): Radicalisation theories, policing practices, and "the future of terrorism?". In: Critical Studies on Terrorism 9 (3), S. 393–413. DOI: https://doi.org/10.1080/17539153.2016.1178485.

Monahan, John (2011): The individual risk assessment of terrorism. In: Psychology, Public Policy, and Law 18 (2), S. 167–205. DOI: https://doi.org/10.1037/a0025792.

Monahan, John (2017): The Individual Risk Assessment of Terrorism. In: Gary LaFree und Joshua D. Freilich (Hg.): The handbook of the criminology of terrorism, Bd. 299. Chichester, West Sussex: Wiley-Blackwell, S. 520–534.

Moskalenko, Sophia; McCauley, Clark (2009): Measuring Political Mobilization: The Distinction Between Activism and Radicalism. In: Terrorism and Political Violence 21 (2), S. 239–260. DOI: https://doi.org/10.1080/09546550902765508.

Nesser, Petter (2018): Islamist Terrorism in Europe, London.

Nesser, Petter et al. (2016): Jihadi Terrorism in Europe: The IS-Effect, in: Perspectives on Terrorism (10) 6, S. 1–24.

Nilson, Marco (2015): Foreign fighters and the radicalization of local Jihad: Interview evidence from Swedish Jihadists. In: Studies in Conflict & Terrorism (38) 5, S. 343–358.

Persson, Anders; Svensson, Kerstin (2012): Shades of professionalism: Risk assessment in pre-sentence reports in Sweden. In: European Journal of Criminology 9 (2), S. 176–190. DOI: https://doi.org/10.1177/1477370811424985.

Pfahl-Traughber, Armin (2010): Gemeinsamkeiten im Denken der Feinde einer offenen Gesellschaft – Strukturmerkmale extremistischer Ideologien. In: Armin Pfahl-Traughber (Hrsg.), Jahrbuch für Extremismus- und Terrorismusforschung 2009/2010, Brühl, S. 9–32.

Pfahl-Traughber, Armin (2014): Von den „Aktivisten" über die „Kommunikation" bis zur „Wirkung". Das AGIKOSUW – Schema zur Analyse terroristischer Bestrebungen. In: Jahrbuch Terrorismus. Band 6 (2013/2014), S. 401–423.

Pisoiu, Daniela; Hain, Sandra (2018): Theories of terrorism. An introduction. London, New York, NY: Routledge.

Pressman, D. Elaine (2009): Risk Assessment Decisions for Violent Political Extremism 2009–02. Ottawa. Online verfügbar unter: https://www.publicsafety.gc.ca/cnt/rsrcs/pbl ctns/2009-02-rdv/index-en.aspx.

Pressman, D. Elaine (2016): The Complex Dynamic Causality of Violent Extremism: Applications of the VERA-2 Risk Assessment Method to CVE Initiatives. In: Masys (Hg.): Disaster Forensics, Bd. 18. Wiesbaden: Springer VS, S. 249–269.

Pressman, D. Elaine; Flockton, John (2014): Violent extremist risk assessment: Issues and applications of the VERA-2 in a high-security correctional setting. In: Andrew Silke (Hg.): Prisons, terrorism and extremism. Critical issues in management, radicalisation and reform. London, New York: Routledge (Political violence), S. 122–143.

Pressman, D. Elaine; Ivan, Cristina (2016): Internet Use and Violent Extremism: A Cyber-VERA Risk Assessment Protocol. In: Khader, Majeed et al. (Hg.): Combating Violent Extremism and Radicalization in the Digital Era. Hershey, S. 391–409.

Pressman, Elaine D.; Flockton, John (2012): Calibrating risk for violent political extremists and terrorists: the VERA 2 structured assessment. In: The British Journal of Forensic Practice 14 (4), S. 237–251. DOI: https://doi.org/10.1108/14636641211283057.

Proton (2017): Modelling the Processes leading to Organised crime and terrorist networks. Abschlussbericht.

Qureshi, Asim (2016): The Science of Pre-Crime. The secret 'radicalisation' study underpinning PREVENT. London.

Rabert, Bernhard (1995): Links- und Rechtsterrorismus in der Bundesrepublik Deutschland von 1970 bis heute. Bonn: Bernard & Graefe.

Reichardt, Sven. 2002. Faschistische Kampfbünde. Gewalt und Gemeinschaft im italienischen im italienischen Squadrismus und in der deutschen SA. Köln: Böhlau Verlag.

Rettenberger, Martin (2018): Intuitive, klinisch-idiographische und statistische Kriminalprognosen im Vergleich – die Überlegenheit wissenschaftlich strukturierten Vorgehens. In: Forensische Psychiatrie, Psychologie, Kriminologie 12 (1), S. 28–36. DOI: https://doi.org/10.1007/s11757-017-0463-y.

Rettenberger, Martin (2016): Die Einschätzung der Gefährlichkeit bei extremistischer Gewalt und Terrorismus. In: Kriminalistik, 8–9, S. 532–537.

Rettenberger, Martin; Franqué, Fritjof von (Hg.) (2013): Handbuch kriminalprognostischer Verfahren. Göttingen, Bern, Wien: Hogrefe.

Richards, Joanne (2018): High Risk or Low Risk: Screening for Violent Extremists in DDR Programmes. In: International Peacekeeping 25 (3), S. 373–393. DOI: https://doi.org/10.1080/13533312.2018.1440177.

Riesner, Lars et al. (2012): Die biografische Entwicklung junger Mehrfach- und Intensivtäter in der Stadt Neumünster. Abschlussbericht, Kiel.

Robbé, Michiel de Vries; Vogel, Vivienne de; Stam, Jeantine (2012): Protective Factors for Violence Risk: The Value for Clinical Practice. In: Psychology 3 (12), S. 1259–1263. DOI: https://doi.org/10.4236/psych.2012.312A187.

Roy, Olivier (2006): Der islamische Weg nach Westen. Globalisierung, Entwurzelung und Radikalisierung. München: Pantheon Verlag.

Roy, Olivier (2018): "Ihr liebt das Leben, wir lieben den Tod". Der Dschihad und die Wurzeln des Terrors. Bonn.

RTI International (Hg.) (2018): Countering Violent Extremism: The Application of Risk Assessment Tools in the Criminal Justice and Rehabilitation Process.

Sadowski, Friederike et al. (2017): Das Violent Extremism Risk Assessment Version 2 Revised (VERA-2R): eine Skala zur Beurteilung des Risikos extremistischer Gewalt. In: Kriminalistik (5), S. 335–342.

Sageman, Marc (2004): Understanding terror networks. Philadelphia: University of Pennsylvania Press.

Sageman, Marc (2008): Leaderless jihad. Terror networks in the twenty-first century. Philadelphia: University of Pennsylvania Press.

Sageman, Marc (2017a): Misunderstanding terrorism. Philadelphia: University of Pennsylvania Press.

Sageman, Marc (2017b): Turning to political violence. The emergence of terrorism. Philadelphia: University of Pennsylvania Press.

Sarma, Kiran M. (2017): Risk assessment and the prevention of radicalization from nonviolence into terrorism. In: The American psychologist 72 (3), S. 278–288. DOI: https://doi.org/10.1037/amp0000121.

Saucier, Gerard et al. (2009): Patterns of Thinking in Militant Extremism. In: Perspectives on psychological science: a journal of the Association for Psychological Science 4 (3), S. 256–271. DOI: https://doi.org/10.1111/j.1745-6924.2009.01123.x.

Savage, Sara; Liht, Jose (2008): Mapping Fundamentalisms: The Psychology of Religion as a Sub-Discipline in the Understanding of Religiously Motivated Violence. In: Archive for the Psychology of Religion 30 (1), S. 75–91. DOI: https://doi.org/10.1163/157361208X316971.

Scarcella, Akimi; Page, Ruairi; Furtado, Vivek (2016): Terrorism, Radicalisation, Extremism, Authoritarianism and Fundamentalism: A Systematic Review of the Quality and Psychometric Properties of Assessments. In: PloS one 11 (12), e0166947. DOI: https://doi.org/10.1371/journal.pone.0166947.

Schmid, Alex (2014): Violent and Non-Violent Extremism: Two Sides of the Same Coin? In: ICCT Research Papers. DOI: https://doi.org/10.19165/2014.1.05.

Schneider, Hans Joachim (1967): Prognostische Beurteilung des Rechtsbrechers, Göttingen.

Schuurman, Bart; Eijkman, Quirine (2015): Indicators of terrorist intent and capability: Tools for threat assessment. In: Dynamics of Asymmetric Conflict 8 (3), S. 215–231. DOI: https://doi.org/10.1080/17467586.2015.1040426.

Silke, Andrew (Hg.) (2014): Prisons, terrorism and extremism. Critical issues in management, radicalisation and reform. London, New York: Routledge (Political violence).

Simcox, Robin (2017): European Islamist Plots and Attacks Since 2014 – and How the U.S. Can Help Prevent Them, Washington.

Smith, Allison G. (2018): Risk Factors and Indicators Associated with Radicalization to Terrorism in the United States: What Research Sponsored by the National Institute of Justice Tells Us. Washington.

Smith, Brent L. et al. (2018): Identity and Framing Theory, Precursor Activity, and the Radicalization Process.

Springer, Werner (1973): Kriminalitätstheorien und ihr Realitätsgehalt, Stuttgart.

Stankov, Lazar; Saucier, Gerard; Knežević, Goran (2010): Militant extremist mind-set: Pro-violence, Vile World, and Divine Power. In: Psychological assessment 22 (1), S. 70–86. DOI: https://doi.org/10.1037/a0016925.

Steller, Max (2005): Psychologische Diagnostik – Menschenkenntnis oder angewandte Wissenschaft? In: Hans-Ludwig Kröber und Max Steller (Hg.): Psychologische Begutachtung im Strafverfahren. Darmstadt: Steinkopff-Verlag, S. 1–19.

Teo, Alan R.; Holley, Sarah R.; Leary, Mark; McNiel, Dale E. (2012): The relationship between level of training and accuracy of violence risk assessment. In: Psychiatric services 63 (11), S. 1089–1094. DOI: https://doi.org/10.1176/appi.ps.201200019.

Thieme, Tom (2015): Extremistisches Gefahrenpotenzial – Untersuchungsgegenstand, Messung und Fallbeispiele. In: Zeitschrift für Politikwissenschaft, Sonderband Extremismus (25), S. 37–59.

Trujillo, Humberto M.; Prados, Manuel; Moyano, Manuel (2016): Psychometric properties of the Spanish version of the activism and radicalism intention scale / Propiedades psicométricas de la versión española de la escala de intención de activismo y radicalismo. In: Revista de Psicología Social 31 (1), S. 157–189. DOI: https://doi.org/10.1080/02134748.2015.1101317.

Urban, Johannes (2006): Die Bekämpfung des Internationalen Islamistischen Terrorismus. Wiesbaden: VS Verlag für Sozialwissenschaften.

Urbaniok, Frank (2016): FOTRES. Diagnostik, Risikobeurteilung und Risikomanagement bei Straftätern, Berlin.

van Hiel, Alain; Mervielde, Ivan (2003): The Measurement of Cognitive Complexity and Its Relationship With Political Extremism. In: Political Psychology 24 (4), S. 781–801. DOI: https://doi.org/10.1046/j.1467-9221.2003.00354.x.

Vergani, Matteo et al. (2018): The Three Ps of Radicalization: Push, Pull and Personal. A Systematic Scoping Review of the Scientific Evidence about Radicalization Into Violent Extremism. In: Studies in Conflict & Terrorism, S. 1–32. DOI: https://doi.org/10.1080/1057610X.2018.1505686.

Vidino, Lorenzo et al. (2017): Fear Thy Neighbor. Radicalization and Jihadist Attacks in the West. Mailand.

Vollbach, Alexander (2017): Extremismus und kriminelle Gefährdung. Ein Beitrag zur Interventionsplanung und Prävention in der Strafrechtspflege. In: Neue Kriminalpolitik 29 (1), S. 62–74. DOI: https://doi.org/10.5771/0934-9200-2017-1-62.

Wagner, Bernd (2014): Rechtsradikalismus in der Spät-DDR. Zur militant-nazistischen Radikalisierung – Wirkungen und Reaktionen in der DDR-Gesellschaft. Berlin: Ed. Widerschein.

Wagner, Bernd (2016): Extremismus und Deradikalisierung – Innere Sicherheit und Innerer Friede. Eine Programmatik des Kompetenzverbundes Extremismus und Deradikalisierung. In: JEX-Zeitschrift für Deradikalisierung und demokratische Kultur, Nr. 4, S. 22–31.

Waldmann, Peter (2009): Radikalisierung in der Diaspora. Wie Islamisten im Westen zu Terroristen werden. Hamburg: Murmann.

Webster, Stephen et al. (2017): A Process Evaluation of the Structured Risk Guidance for Extremist Offenders. London.

Wiktorowicz, Quintan (2005): Radical Islam rising. Muslim extremism in the West. Lanham, Md.: Rowman and Littlefield.

Williams, Lela Rankin; LeCroy, Craig W.; Vivian, John P. (2014): Assessing risk of recidivism among juvenile offenders: the development and validation of the recidivism risk instrument. In: Journal of evidence-based social work 11 (4), S. 318–327. DOI: https://doi.org/10.1080/10911359.2014.897100.

Williamson, Paul W.; Hood, Ralph W.; Ahmad, Aneeq; Sadiq, Mahmood; Hill, Peter C. (2010): The Intratextual Fundamentalism Scale: cross-cultural application, validity evidence, and relationship with religious orientation and the Big 5 factor markers. In: Mental Health, Religion & Culture 13 (7–8), S. 721–747. DOI: https://doi.org/10.1080/13674670802643047.

Woo, Gordon (2002): Quantitative Terrorism Risk Assessment. In: The Journal of Risk Finance 4 (1), S. 7–14. DOI: https://doi.org/10.1108/eb022949.

Wright, Christopher J. (2018): Sometimes they come back: responding to American foreign fighter returnees and other Elusive threats, in: Behavioral Sciences of Terrorism and Political Aggression, S. 1–16.

Zoutendijk, Andries Johannes (2010): Organised crime threat assessments: a critical review. In: Crime, Law and Social Change 54 (1), S. 63–86. DOI: https://doi.org/10.1007/s10611-010-9244-7.